Gilberto L. Rodríguez

25 años de arquitectura
25 years of architecture

Arquine

¡Que viva México y su arquitectura!

4 Alberto Campo Baeza

"La tradición es la conservación del fuego,
y no, nunca, la adoración de las cenizas."

Gustav Mahler

Y en esa línea se expresa el arquitecto mexicano Gilberto L. Rodríguez:

"Para mí, la arquitectura es un reflejo de la cultura de nuestro tiempo y nuestro espacio, un testigo de nuestras tradiciones; pero que debe entenderse como una disciplina que mira siempre al futuro, no al pasado. En este sentido, hoy más que nunca la arquitectura debe estar en total armonía con la naturaleza, buscando siempre el respeto e integración con el entorno."

Gilberto Rodríguez es uno de los mejores arquitectos contemporáneos mexicanos. Se publicó hace no mucho un texto que escribí sobre sus magníficas torres negras, las Magma Towers. Y todo lo que sigue poniendo en pie es de primerísima calidad. A estas alturas a uno le sorprenden pocas arquitecturas, pero las de Gilberto Rodríguez me siguen tocando en lo más hondo. Un maestro de la arquitectura.

Las Magma Towers son una obra de primer orden. Las que yo llamé Torres Negras, siguen conmoviéndome en su capacidad de golpear nuestra sensibilidad arquitectónica. Basta con volver a ver las imágenes publicadas.

Conocí a Gilberto cuando visité el Tecnológico de Monterrey en el año 2009, para dictar una conferencia dentro de la Cátedra Luis Barragán. Nuestra amistad creció después de invitarme a realizar la casa del Sorteo Tec del Tecnológico de Monterrey, a la que llamaríamos Domus Aurea, que ha sido muy difundida y premiada. La colaboración fue muy fructífera. Decidimos hacer un homenaje a Luis Barragán y parece que el resultado fue acertado. Conseguimos atrapar la luz en el gran paramento dorado, logrando que todo el aire de esa casa fuese más que luminoso, resplandeciente. Y en la azotea, que configuramos con unas tapias blancas, abrimos unos huecos para enmarcar la Sierra Madre.

Si tuviera que elegir algunas de ellas, me quedaría con la Casa BC, el Pabellón La Carreta y ¡cómo no! con nuestra Domus Aurea.

En definitiva, la arquitectura de Gilberto Rodríguez es, sin renunciar a sus raíces, completamente universal. Un arquitecto capaz de levantar obras maravillosas.

¡Bienvenido, maestro!

Long live Mexico and its architecture!

Alberto Campo Baeza

"Tradition is not the worship of ashes, but
the preservation of fire."

Gustav Mahler

Mexican architect Gilberto L. Rodríguez takes a similar view:

"For me, architecture reflects the culture of our time and space, as a witness to our traditions; but it should be understood as a discipline that always looks forward, not backward. In this sense, now more than ever architecture must be in complete harmony with nature, always seeking to respect and integrate with its surroundings."

Gilberto Rodríguez is one of Mexico's finest contemporary architects. I recently wrote about his magnificent black Magma Towers. Everything he builds is of the very highest quality. It is hard to be surprised by architecture these days, but Gilberto Rodríguez's work always moves me. He is a true virtuoso.

His Magma Towers are exceptional. These buildings—which I called the Black Towers—continue to inspire for their ability to change our architectural sensibility. The published images say it all.

I met Gilberto when I visited the Tecnológico de Monterrey in 2009 to give a lecture as part of the Luis Barragán Professorship Program. Our friendship grew after he invited me to collaborate on the house offered as a prize in the Tecnológico de Monterrey lottery. Our collaboration on this residence—which became known as Domus Aurea, appeared in multiple publications, and received several awards—proved to be very fruitful. We decided to pay homage to Luis Barragán, and it seems to have worked. We captured the natural light in the large gold-leaf mural to make the interiors glow. And on the roof, surrounded by white balustrades, we created openings to frame views of the Sierra Madre.

If I had to choose one project, I would select Casa BC, La Carreta Pavilion, and of course our very own Domus Aurea.

Without losing touch with its roots, Gilberto Rodríguez's architecture is completely universal and impeccably executed.

Welcome, maestro!

Lugar y contexto

6 Augusto Quijano Axle

"Todo parece reclamar un mundo homogéneo, lleno de los mismos productos, inundado por las mismas imágenes. Parece como si tan sólo la ubicuidad del no-lugar existiese; como si la idea de lugar ya no tuviese valor; como si pudiésemos ignorar dónde nos encontramos, dónde estamos."

Rafael Moneo

La arquitectura supone el medio por el cual las cosas ocupan un lugar en nuestro mundo. Partiendo de la idea de que cumple con las necesidades humanas, es la razón por la que existe y da forma a sus aspiraciones. En este sentido, se entiende como el reflejo de la cultura y el modo de vida de un pueblo.

Una breve, pero útil, definición de cultura es: la parte del ambiente hecha por el hombre. Va implícito el reconocimiento de que la vida del ser humano transcurre en dos escenarios: el ambiente social y el ambiente natural, y entre estos dos ambientes se ubica la arquitectura como enlace de ambos escenarios. Para ello se necesita de un lugar y un contexto, que no son lo mismo. Comúnmente confundimos lugar con contexto y otras veces, confundimos éstos con identidad. Identidad es el conjunto de peculiaridades que permiten identificarse como parte de un grupo, pero también diferenciarse de otros grupos. Sirve como elemento de pertenencia. Contexto es el conjunto de circunstancias que rodean un lugar. La arquitectura se nos hace presente como realidad en el lugar, en donde adquiere su verdadera dimensión.

La arquitectura es el reflejo del modo de vida de un grupo social; comunica en un lenguaje los signos y valores que contiene con base en un uso y por medio de una técnica. Tiene un método y un sistema que es objetivo y concreto, que se usa, se realiza y se mide con base en la técnica y la historia. La arquitectura crea lugares y crea valores. Su función es dar significado a la totalidad del ambiente físico. Produce signos en un contexto y comunica tales hechos.

El trabajo que realiza GLR Arquitectos comprende estas relaciones claramente. Partícipe dentro de una cultura del trabajo continuo y eficiente, como es la del norte de nuestro país, así como una disciplina de búsqueda propia de los arquitectos que se apasionan por lo que realizan, Gilberto transita entre su contexto e identidad. En su arquitectura siempre se hace referencia a la potencia y rotundidad del contexto natural. Recuerdo la primera casa que conocí, la Casa Elizondo (1991), donde el paisaje y la cordillera juegan un papel fundamental desde el interior. Esta identidad hace que la oficina pertenezca a un grupo destacado en el manejo de los materiales y la constructividad, así como la pulcritud de las soluciones, propias de la buena arquitectura de esta región del país.

Este contexto le proporciona a Gilberto los elementos para su quehacer. La operatividad de sus proyectos, el refinamiento de sus soluciones, el respeto al medio ambiente y el carácter universal de un territorio industrial y transculturalmente americanizado.

La arquitectura es de valor universal pero expuesta desde un sitio en particular. Para Gilberto es: "un medio de expresión cultural que es el resultado de la fusión de procedimientos tradicionales de construcción con la investigación de nuevas tecnologías partiendo de una visión global". Su trabajo ha ido gradualmente creciendo en escala y en aciertos. Tal es el caso de Magma Towers (2013) una proporción mayor que no pierde la calidad de manufactura proyectual: "Dos monolitos labrados modifican y enriquecen el paisaje, esculturas con vida propia en donde se descubren espacios habitables, terrazas [...]" (p. 43). Así como ha crecido en escala, ha crecido y se ha enriquecido con la colaboración de otros arquitectos, como es el caso del Pabellón La Carreta y la Biblioteca del Tecnológico de Monterrey, ambos proyectos realizados en 2017 con Sasaki Associates y Rodrigo de la Peña, donde se aprecia el refinamiento de soluciones y la depuración de la materialidad empleada.

Para Gilberto y su equipo de colaboradores el lugar sirve como principio. La arquitectura siempre dialoga con la ubicación y el entorno, con la Sierra Madre Oriental como telón y foco visual. Ejemplo claro es Domus Aurea (2016) junto con Alberto Campo Baeza, donde el manejo de la luz inunda todos los espacios. "Un juego de doble altura enlazada, hasta rematar en la azotea donde se encuentra la alberca, que por un lado tiene vista a la sala de lectura en el nivel intermedio y a su impresionante muro dorado, y por el otro enmarca la vista hacia la majestuosa Sierra Madre Oriental" (p. 63). Es un homenaje a Luis Barragán y a Mathias Goeritz.

Así como la presencia de la cordillera es inevitable en los proyectos que ha realizado, el diseño del interior es impecable en su manufactura como la arquitectura que propone. Es su identidad. La Casa Terra (2021) es un ejemplo de refinamiento en el diseño interior. La Casa ER (2017) por su parte, es un claro ejemplo de la relación de espacio abierto existente, contexto e interior fluido, donde la estructura espacial y el diseño del interior se funden logrando una sola lectura y una sola dinámica con mucho refinamiento y depuración de los elementos empleados, estableciendo un lugar, un nuevo lugar.

Sin establecerse en una línea, como tampoco perderse en una búsqueda frenética, Gilberto ha ido evolucionando constantemente, logrando encontrar su propia identidad. Es la identidad donde nosotros surgimos. Es el contexto donde establecemos las relaciones con nosotros mismos. Es en el lugar donde se adquiere la condición única. En palabras de Carlos Mijares: "[...] el lugar debe enriquecer la obra y la obra debe enriquecer el lugar [...]".

Site and context

8 Augusto Quijano Axle

"Everything seems to call for a homogeneous world, filled with the same products, flooded with the same images. It's as if we had nothing but the ubiquitous non-place; as if the idea of place were now worthless; as if we could ignore our place, where we are."

Rafael Moneo

Architecture is the means by which things occupy a place in our world. If we accept that it meets human needs, then that explains its existence and defines its aspirations. As such, it reflects a people's culture and way of life.

A concise but useful definition of culture: that part of the environment created by humans. Implicit in this idea is the recognition that human beings' lives take place in two environments, the social and the natural, and architecture links both. Hence the need for place and context, which are not the same. We tend to confuse place with context, and both of these with identity. Identity is the set of particular characteristics that allow for people to identify themselves as part of one group and also as different to others. It is about belonging. Context is the set of circumstances surrounding a place. Architecture makes us present as a reality in the place, where it acquires its true dimension.

Architecture reflects the way of life of a social group; it uses a language to communicate the signs and values based on a use and through a technique. It has an objective and concrete method and system that is used, made, and measured on the basis of technique and history. Architecture creates places and values. It exists to give meaning to the entirety of the physical environment. It produces signs in a context and conveys this information.

The work of GLR Arquitectos clearly incorporates these relationships. Gilberto moves between his context and identity, embodying the consistency and efficiency of northern Mexico's work culture, while following his own path as an architect passionate about his profession. His architecture always relates to the strength and completeness of the natural environment. I still remember Casa Elizondo (1991)—the first of his houses I entered—and how the landscape and the mountain range played a key role in the interiors. This identity places Gilberto among a group of architects with a mastery of construction and materials, who find sleek solutions and continue in the fine architectural tradition in this part of the country.

This context provides Gilberto the elements for his work. His project's functionality, his solutions' finesse, his respect for the environment, and the universal aspect of a territory that has been transculturally and industrially Americanized.

Architecture has a value that is universal yet displayed in a specific place. Gilberto describes it "as a medium of cultural expression that comes from fusing traditional building processes with research into new technologies, from a global perspective". His work has gradually grown in scale and become increasingly successful. Magma

Towers (2013), for example, is built on a large scale but not at the expense of build quality: "Two carved, monolithic blocks transform and enhance the landscape; active sculptures with living spaces, terraces [...]" (p. 43). Apart from growing in size, the studio's collaborations with other architects have expanded and enriched its work: La Carreta Pavilion and the Tecnológico de Monterrey's Main Library, both in 2017, were joint projects with Sasaki Associates and Rodrigo de la Peña and showcase elegant solutions and a sophisticated palette of materials.

For Gilberto and his team, place is the starting point. Architecture also communicates with location and the setting: the Sierra Madre Oriental as a backdrop and visual focus. A clear example is Domus Aurea (2016), a collaboration with Alberto Campo Baeza, where each space is suffused with natural light. "A series of interconnected double-height spaces, all the way up to the rooftop, which has a swimming pool, overlooking the mezzanine reading room and its impressive gold-leaf mural on one side, and a framed view of the majestic Sierra Madre Oriental on the other" (p. 63). This project pays tribute to Luis Barragán and Mathias Goeritz.

Mountains are an invariable presence in his projects, and the studio's interior designs are impeccably crafted to match the quality of the architecture itself and give its identity. Casa Terra (2021) is an example of such refined interior design. Casa ER (2017) is a project that clearly illustrates this relation of existing open space, context, and fluid interiors, where the interior's special structure and design merge to create a single interpretation and a single dynamic, with great refinement in the choice of elements used, establishing a place, a new place.

Without adhering to a particular school, but also avoiding a frenetic search, Gilberto has constantly evolved, finding his own identity. Identity is our base. Context is where we relate to ourselves. Place is where we find our uniqueness. In the words of Carlos Mijares: "[...] the place must enhance the construction, and the construction must enhance the place [...]".

La arquitectura nos da la eternidad y el cobijo

Elías Rizo

"En arquitectura, todos los problemas tienen ventajas. Se hace arquitectura a partir de la duda y de la dificultad. Sin ellas, yo me siento perdido."

Álvaro Siza

Ya son muchos años de conocer a Gilberto Rodríguez. Hemos coincidido como arquitectos en conferencias, eventos sociales, invitaciones que los arquitectos solemos recibir a alguna presentación de un nuevo producto o presentación de alguna obra. La última invitación fue a un viaje que tuve la fortuna de compartir con él. Además de tener una amistad entrañable, lo que más me ha impactado a lo largo de estos años es su generosidad, calidad e integridad humana, justo lo que cada una de sus obras deja ver a simple vista.

El trabajo de Gilberto, desde sus primeras obras, demuestra una búsqueda inequívoca por el decoro y la autenticidad, siempre en conexión con el paisaje que abraza a Monterrey desde sus montañas. Mantiene una preocupación constante por la integración sutil y contundente al sitio, con una clara intención de refugio y de serenidad, sin sobresaltos.

Gilberto me invitó a visitar la casa del Sorteo Tec del Tecnológico de Monterrey —Domus Aurea, en coautoría con el prestigiado arquitecto español Alberto Campo Baeza—, un claro homenaje a Luis Barragán y Mathias Goeritz. Mi sorpresa fue mayúscula, un predio convencional dentro de un fraccionamiento privado en Monterrey. La claridad del partido, una casa blanca con espacios austeros, dobles alturas, una rigurosa armonía, casi ciega al exterior y totalmente entregada a la vida interior. La azotea con la alberca, el muro dorado y ese extraordinario hueco que enmarca de manera magistral la Sierra Madre.

Magma Towers, otro excepcional proyecto, consiste en dos torres que se levantan en el paisaje urbano de San Pedro Garza García casi como una escultura labrada a mano, con una geometría clara, precisa. Su lenguaje y materialidad exterior evocan la capacidad de Gilberto y su equipo de proponer y crear un nuevo hito en la ciudad.

Lo mismo sucede con su proyecto más reciente, Torre Lalo, en colaboración con Rodrigo de la Peña. Se muestra como una atalaya que observa y descubre el extraordinario paisaje.

Las casas El Jonuco y El Arrullo, ambas recubiertas con piedra, parecen desaparecer de la vista, se mimetizan y respetan el paisaje con una elegancia absoluta. Obras magníficas, con una manufactura extraordinaria que dejan al descubierto la capacidad de Gilberto por reinventarse en cada proyecto.

Finalmente Casa Catalina, parcialmente recubierta con piedra natural, ubicada en Santa Catarina, Nuevo León, demuestra un claro rigor por la riqueza espacial y la claridad de su propuesta.

Es difícil mencionar cada uno de los extraordinarios proyectos del extenso portafolio de Gilberto que, a lo largo de su vida profesional, ha confeccionado con el mismo cariño que le tiene a su profesión.

Architecture gives us eternity and shelter

Elías Rizo

"In architecture, all problems have advantages. Architecture is made up of doubt and difficulty. Without them, I feel lost."

Álvaro Siza

I have known Gilberto Rodríguez for many years. As fellow architects, we've attended the same conferences, social events, and presentations of new products or projects. The last invitation was for a trip that I was lucky enough to share with him. Apart from our close friendship, I should also mention his constant generosity, warmth and principles—qualities in full view in each of his works.

Gilberto's work has always stood out for a certain refined authenticity, closely connected to Monterrey's mountainous landscape. His projects always seek to be a strong yet subtle presence within their context, avoiding posturing to provide a place of refuge.

Gilberto once invited me to visit the house offered as a prize in the Tecnológico de Monterrey lottery. This project—Domus Aurea, designed in collaboration with the renowned Spanish architect Alberto Campo Baeza—was a clear homage to Luis Barragán and Mathias Goeritz. Situated on a surprisingly conventional lot in a gated subdivision in Monterrey, this white residence has a clear parti, uncluttered spaces, double heights, a strict sense of harmony. Almost blind to the outside, the house is completely devoted to its inner sanctums. The rooftop pool, the gold-leaf mural, and an extraordinary, framed opening in the parapet to masterfully contain the Sierra Madre.

His Magma Towers, another exceptional project, consists of two towers rising above the urban landscape of San Pedro Garza García almost like a hand-carved sculpture, boast a clear, precise geometry. The language and materials used for the exterior demonstrate the ability of Gilberto and his team to propose and create a new landmark for the city.

In collaboration with Rodrigo de la Peña, he achieved a similar feat with Torre Lalo, which appears like a watchtower to observe and discover the extraordinary landscape.

El Jonuco and El Arrullo are houses clad in stone to blend seamlessly into the landscape. Magnificent pieces of architecture, the quality of execution in these projects exemplifies Gilberto's skill at reinventing himself with each new work.

Finally, Casa Catalina—located in Santa Catarina, Nuevo León—is partially encased in natural stone and reveals a carefully considered use of space.

It would be impossible to mention here each one of Gilberto's many extraordinary projects, a portfolio he has assembled throughout his career with the same dedication that he has shown for the profession itself.

25 años
25 momentos
25 proyectos

Gilberto L. Rodríguez

Hace 25 años, en enero de 1998 y poco después de retornar de mis estudios de maestría en la Harvard Graduate School of Design, fundé lo que hoy es GLR Arquitectos. Como todo joven arquitecto con grandes sueños, sigo con la misma pasión y amor por esta profesión que me ha forjado desde el inicio.

Hoy, después de tantos proyectos de las más diversas tipologías, que van desde la arquitectura doméstica hasta el reciclaje urbano, pasando por grandes proyectos inmobiliarios de usos mixtos y edificios institucionales, es momento de hacer una pausa para reflexionar sobre lo realizado, y sobre todo, por lo que está por venir.

Viendo en retrospectiva nuestro trabajo de los últimos cinco lustros, no me queda más que agradecer a todas las personas, empresas e instituciones que han depositado su confianza en GLR Arquitectos, permitiéndonos crear y edificar arquitectura de una forma honesta y congruente con mis ideas y las de mis colaboradores, un gran equipo de jóvenes arquitectos e ingenieros que a lo largo de los años han contribuido a construir lo que hoy somos como despacho de arquitectura. Una oficina que en cada nuevo encargo intenta crear, con gran seriedad y profesionalismo, obras de arquitectura de vanguardia que contribuyan al desarrollo cultural de nuestra sociedad pero que también aporten valor a nuestra ciudad, esa gran obra colectiva que dejaremos a las nuevas generaciones.

GLR Arquitectos ha significado para mí una vida de total entrega a la arquitectura, una bellísima profesión que exige grandes compromisos pero que también retribuye con grandes satisfacciones al ver nuestro trabajo creativo convertido en objetos reales, tangibles; y dichas satisfacciones se multiplican al ver esos objetos habitados por familias, estudiantes, niños, dando vida a lo que de otra forma serían sólo objetos inanimados.

Las diversas colaboraciones que hemos realizado de la mano de queridos colegas y amigos, como son RDLP Arquitectos, Arkham Projects, Sasaki Associates o Estudio Campo Baeza, han representado grandes oportunidades de crecimiento y aprendizaje. A todos ellos damos nuestro más sincero agradecimiento.

Finalmente, agradezco a tres grandes arquitectos y amigos: Alberto Campo Baeza en Madrid, Augusto Quijano en Mérida y Elías Rizo en Guadalajara, por aceptar mi invitación a escribir unas palabras sobre nuestro trabajo en esta ocasión tan especial.

25 years
25 moments
25 projects

Gilberto L. Rodríguez

Twenty-five years ago, in January 1998, and shortly after resuming my Master's studies at the Harvard Graduate School of Design, I founded the studio now known as GLR Arquitectos. Today I still have the same passion and love for this profession as a young architect with big dreams.

After so many projects of all kinds—from residential architecture to urban recycling, including large-scale, mixed-use projects and institutional buildings—the time has come to reflect on the road we have traveled and on what lies ahead. Looking back at our work over the past two and a half decades, it is right to thank all the people, companies, and institutions that have placed their trust in GLR Arquitectos, making it possible for us to design and build architecture in a way that is honest and congruent with my own ideas and those of my collaborators, a fantastic team of young architects and engineers who have helped create what our studio is today. Our firm approaches each new commission with utmost professionalism and seriousness; we seek to produce innovative architecture that contributes to the cultural development of our society and adds value to our city, this great collective endeavor that we will leave to future generations.

GLR Arquitectos has given me a life in the service of architecture, a beautiful profession that requires great commitments but gives us the reward of seeing our creative work transformed into real, tangible objects—a satisfaction that is multiplied when we see these objects being used by families, students, children, giving life to what would otherwise just be inanimate objects.

We have collaborated with dear colleagues and friends—such as RDLP Arquitectos, Arkham Projects, Sasaki Associates, and Estudio Campo Baeza—that have been meaningful opportunities for growth and learning. To all of them, we give our most sincere gratitude.

Finally, I would like to thank three great architects and friends: Alberto Campo Baeza in Madrid, Augusto Quijano in Mérida, and Elías Rizo in Guadalajara for accepting my invitation to write a few words about our work on this special occasion.

1989

Graduación de arquitectura en el Tecnológico de Monterrey / B. A. in Architecture, Tecnológico de Monterrey

1994

Casa Elizondo es premiada en la III Bienal Nacional de Arquitectura Mexicana / Casa Elizondo receives honorable mention at the 3rd Biennial of Mexican Architecture

1997

Graduación de maestría en la Escuela de Diseño de la Universidad de Harvard / M. A. from the Harvard Graduate School of Design

1998

Fundación de GLR Arquitectos / GLR Arquitectos is founded

2000

Premios en la VI Bienal Nacional de Arquitectura Mexicana por el Pabellón Elizondo y la Discoteca Varshiva / Pabellón Elizondo and Discoteca Varshiva win awards at the 6th Biennial of Mexican Architecture

2002

Calzada 3cerouno (primer proyecto multifamiliar) / Calzada 3cerouno (first multi-family project)

2006

Torre Miravalle (primer proyecto vertical) / Torre Miravalle (first high-rise project)

2008

p. 19 Casa Torres

San Pedro Garza García, Nuevo León

2009

p. 27 Casa BC

San Pedro Garza García, Nuevo León

2010

Urbania obtiene la Medalla de Plata en la XI Bienal Nacional de Arquitectura Mexicana / Urbania wins the Silver Medal at the 11th Biennial of Mexican Architecture

2011

Casa BC es ganadora absoluta en la Bienal de Arquitectura de Nuevo León / Casa BC wins top award at the Nuevo León Biennial of Architecture

2012

Publicación del libro *La arquitectura de Gilberto L. Rodríguez* / *La arquitectura de Gilberto L. Rodríguez* is published

2013

p. 35 Casa CH

San Pedro Garza García, Nuevo León

p. 43 Magma Towers

San Pedro Garza García, Nuevo León

Publicación de la Casa BC en el libro *Eco Living* (Braun) / Casa BC features in *Eco Living* (Braun)

2014

Magma Towers es finalista en el World Architecture Festival / Magma Towers shortlisted for World Architecture Festival

Magma Towers recibe el “People’s Choice Award” en los premios Architizer de Nueva York / Magma Towers receives “People’s Choice Award” at the Architizer Awards in New York

Magma Towers resulta ganador en los “Iconic Awards” del German Design Council / Magma Towers wins “Iconic Awards” from German Design Council

2015

p. 55 **Casa MT**
San Pedro Garza García, Nuevo León

Presidente de la Academia Nacional de Arquitectura, Capítulo Monterrey (2015-2017) / President of the National Academy of Architecture, Monterrey Chapter (2015–2017)

Participación dentro de la muestra "21 jóvenes arquitectos mexicanos" en el Palacio de Bellas Artes / Gilberto Rodríguez is included in the exhibition "21 jóvenes arquitectos mexicanos" at the Palacio de Bellas Artes

Publicación de Magma Towers en el libro *Black + Architecture* (Braun) / Magma Towers features in *Black + Architecture* (Braun)

2016

p. 63 **Domus Aurea**
San Pedro Garza García, Nuevo León

Magma Towers es premiada en la XIV Bienal Nacional de Arquitectura Mexicana / Magma Towers receives award at the 14th Biennial of Mexican Architecture

2017

p. 75 **Casa ER**
San Pedro Garza García, Nuevo León

p. 83 **Biblioteca Tec de Monterrey**
Monterrey, Nuevo León

p. 93 **Pabellón La Carreta**
Monterrey, Nuevo León

Domus Aurea recibe el "People's Choice Award" en los premios Architizer de Nueva York / Domus Aurea receives "People's Choice Award" at Architizer Awards in New York

2018

p. 99 **Casa en Las Calzadas**
San Pedro Garza García, Nuevo León

Domus Aurea es premiada en la XV Bienal Nacional de Arquitectura Mexicana / Domus Aurea receives prize at 15th Biennial of Mexican Architecture

Presidente de la Escuela Nacional de Arquitectura, Arte y Diseño del Tecnológico de Monterrey / President of the Tecnológico de Monterrey's School of Architecture, Art and Design (EAAD)

Publicación de Domus Aurea en el libro *Homes for our Time* (Taschen) / Domus Aurea features in *Homes for our Time* (Taschen)

2019

p. 107 **Casa Cordillera**
Santa Catarina, Nuevo León

2020

p. 115 **Park Towers**
San Pedro Garza García, Nuevo León

p. 121 **Torre Luz**
Monterrey, Nuevo León

p. 131 **Casa PG**
San Pedro Garza García, Nuevo León

p. 141 **Casa DC**
San Pedro Garza García, Nuevo León

2021

p. 151 **Casa Terra**
San Pedro Garza García, Nuevo León

p. 159 **Via Vita**
Hermosillo, Sonora

Domus Aurea ilustra la portada del libro *Living on Water* (Phaidon) / Domus Aurea appears on cover of *Living on Water* (Phaidon)

Mención especial, Mejores despachos de Norte America, A+ Firm Awards / Special Mention, Best In North America, A+ Firm Awards

2022

p. 165 **El Jonuco**
Santa Catarina, Nuevo León

p. 175 **El Arrullo**
Arteaga, Coahuila

2023

p. 181 **Torre 23**
San Pedro Garza García, Nuevo León

p. 187 **Conjunto Valle Alto**
Monterrey, Nuevo León

Casa Torres

Ubicación / Location
San Pedro Garza García, Nuevo León

Tipología / Typology
Residencial / Residential

Estatus / Status
Construido / Built

Área / Area
552 m² / 5,941.6 ft²

Fotografía / Photography
Jorge Taboada

Enclavada en lo alto de la Sierra Madre, en la zona de Palmillas, la Casa Torres busca establecer un íntimo contacto con el entorno natural en el que se encuentra. Relativamente abierta hacia la calle, el acceso a la casa se da a través de una fuente, de la cual emerge un árbol imponente tanto por su tamaño como por su belleza.

En el pórtico, una gran puerta hecha de mármol, madera y acero recibe como un mural. En el interior, el vestíbulo acoge con mármol Santo Tomás color lila y muros de recinto volcánico. Del vestíbulo hay continuidad visual hacia el resto de la casa y el jardín, donde se buscó respetar al máximo el bosque de encinos existente. La sala, concebida casi como una caja de cristal, brinda suficiente apertura visual para apreciar simultáneamente la montaña y el jardín, gracias a sus grandes ventanales en las caras norte y sur. En ella, la chimenea invita a disfrutar del calor del fuego en ciertas noches que pueden ser muy frías, debido a la altitud del lugar.

Desde el comedor y desde la sala familiar es posible acceder a la azotea, donde una gran terraza permite disfrutar espléndidas vistas de la Sierra Madre y de toda la Zona Metropolitana de Monterrey. Es así como, poco a poco, la casa es una secuencia de espacios que va llevando de las áreas públicas a las áreas íntimas, y hasta la azotea, siempre en contacto visual con el bosque.

Nestled in the higher reaches of the Sierra Madre, in the Palmillas area, Casa Torres seeks close contact with its natural surroundings. The residence is relatively open to the street, and a magnificent tree rises up from a reflecting pool at the entrance.

Behind the portico, a mural-like marble, wood, and steel door leads into the house. Inside, the lobby welcomes visitors with lilac-hued Santo Tomás marble and volcanic stone walls. Open sightlines from this space give views onto the rest of the house and the garden, which was designed to preserve as many of the existing oak trees as possible. The living room is designed almost like a glass case to open up views of the mountains and the garden simultaneously, thanks to the large picture windows facing north and south. The fireplace offers warmth on the nights of the year when the temperatures drop in this high-altitude location.

Accessible across the dining room and lounge, the large roof terrace offers panoramic views of the Sierra Madre and over the city of Monterrey. These design choices turn the house into a series of spaces that gradually shift from the public to the private areas, and up to the roof, always in close visual contact with the surrounding woods.

2008

107

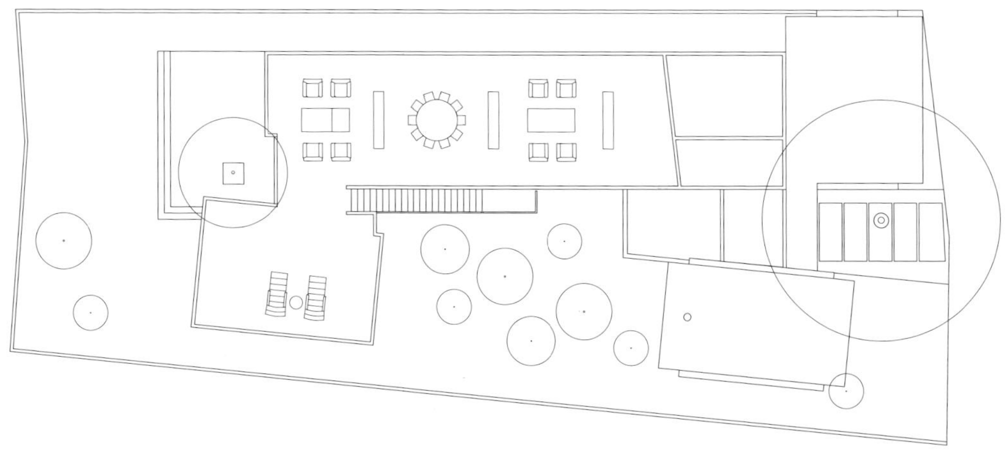

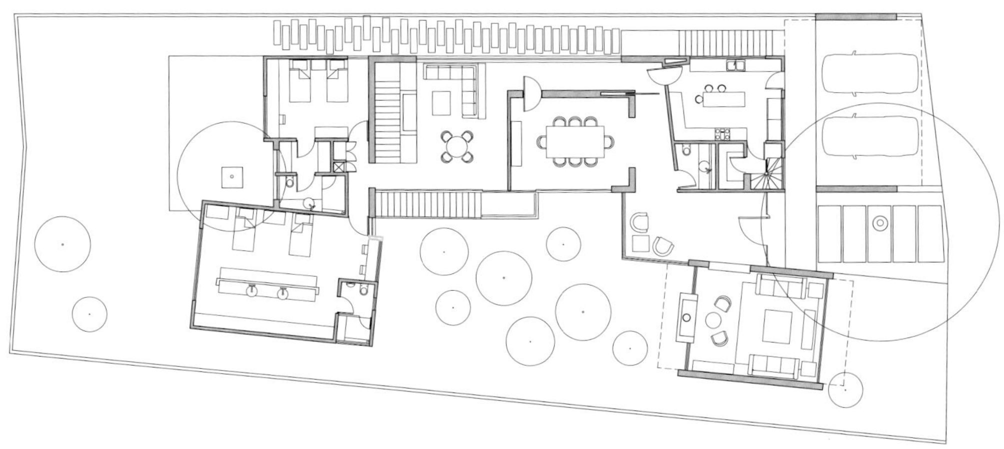

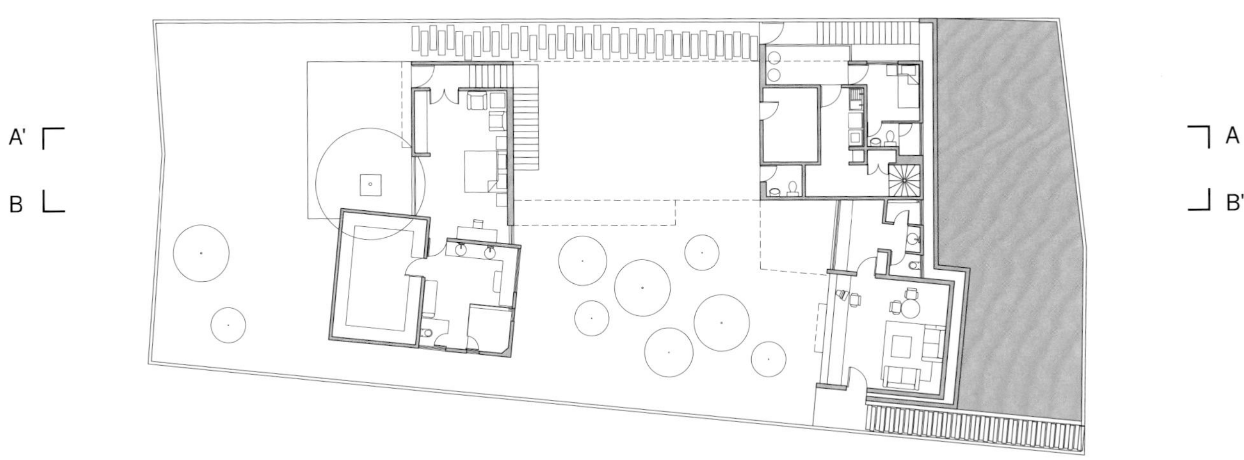

Planta alta / Upper floor plan
Planta baja / Ground floor plan
Planta sótano / Basement plan

0 1 5

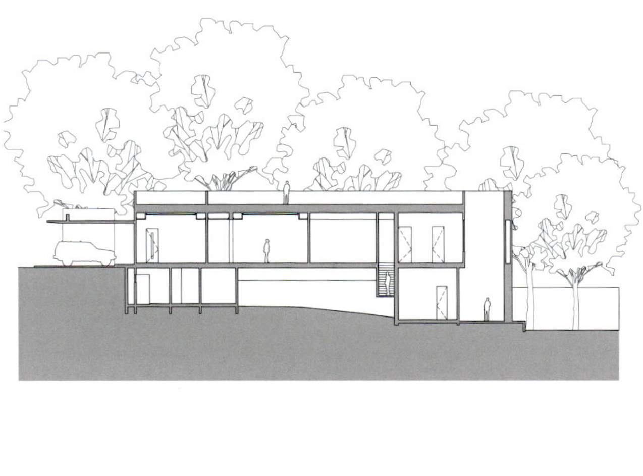

Sección A-A' / Section A-A'

Sección B-B' / Section B-B'

0 1 5

Casa BC

Ubicación / Location
San Pedro Garza García,
Nuevo León

Tipología / Typology
Residencial / Residential

Estatus / Status
Construido / Built

Área / Area
1,450 m² / 15,607 ft²

Paisajismo /
Landscape design
MESA Design Group

Fotografía / Photography
Jorge Taboada

Este proyecto tiene una situación topográfica privilegiada, ya que se encuentra a mayor altura respecto a los predios aledaños. Esto le permite gozar de excelentes vistas: hacia el Parque Nacional de Chipinque en el sur y hacia todo el oriente, cuya vista es dominada en el horizonte por el Cerro de la Silla.

La Casa BC fue concebida como una casa sustentable, por lo que cuenta con un estudio de eficiencia energética que analizó el asoleamiento y los vientos dominantes en diversas temporadas del año, siguiendo las normas LEED.

Como resultado de dichos estudio, la casa cuenta con diversos sistemas de aislamiento, como muros dobles con aislante ecológico a base de polisocianurato; ventanas dobles con vidrios de baja emisividad (Low-E); sistemas de recolección de aguas pluviales y el tratamiento de aguas grises para riego; paneles solares para calentamiento de la alberca e iluminación del jardín; calentadores de agua solares; sistemas de calefacción hidrónica para reducir el consumo de energía; sistemas de calefacción pasivos como los lucernarios orientados al sur; así como un proyecto de paisaje que respeta la vegetación existente y reforesta el predio con vegetación nativa y longeva, compuesta principalmente por variedades de encinos.

This project has a privileged location above the neighboring properties, affording it exceptional views of the Chipinque National Park to the south, and a sweeping panorama dominated in the distance by the Cerro de la Silla to the east.

Designed as a sustainable house, Casa BC boasts an LEED energy-efficiency study that analyzed prevailing winds and sunlight conditions throughout the year. Based on the study's findings, the design incorporates a variety of insulation systems, double walls with ecological, polyisocyanurate-based insulation; double-glazed, low-emissivity windows; rainwater harvesting and gray water treatment for irrigation; solar power for pool heating and outdoor lighting; solar water heaters; hydronic heating systems to reduce energy consumption; passive heating systems that respect the existing vegetation and reforest the property with long-lasting, native species, consisting mainly of varieties of oak.

2009

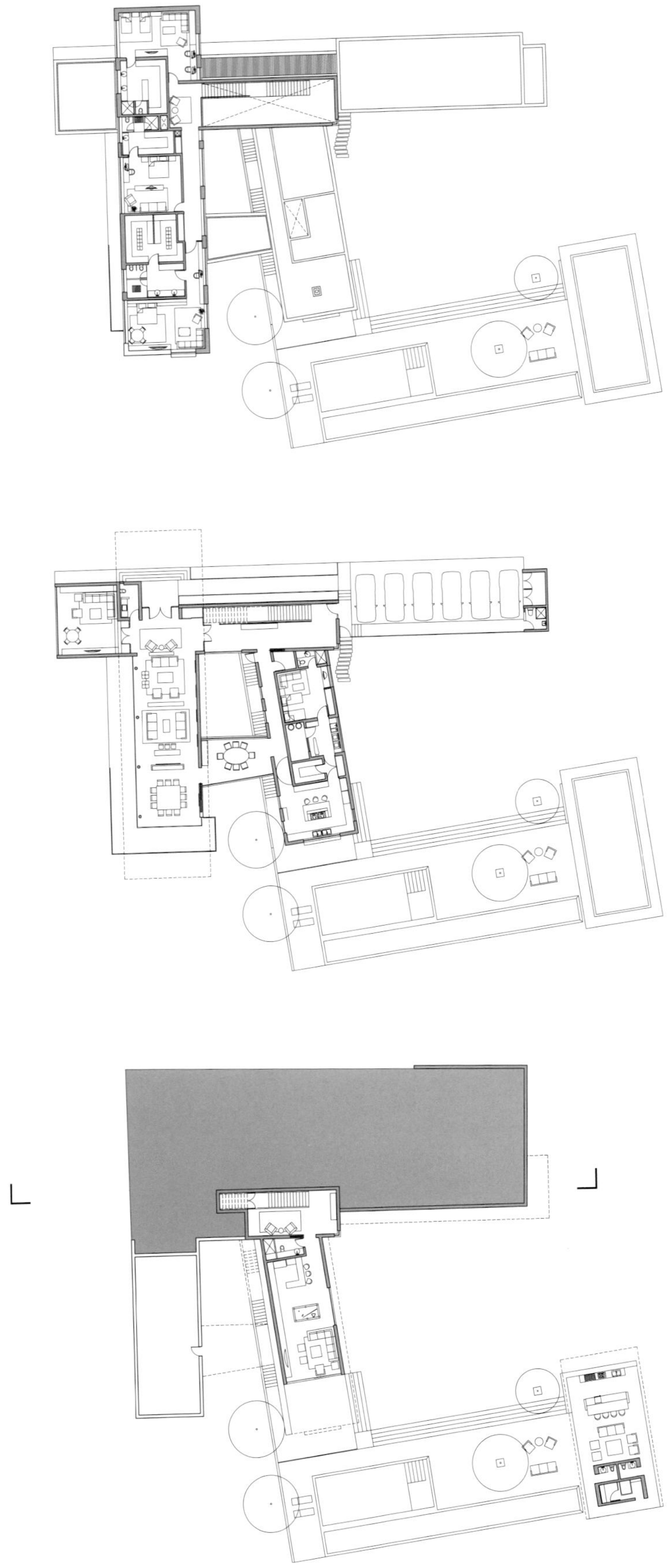

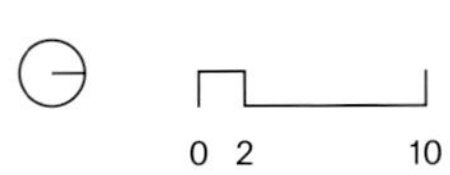

Planta alta / Upper floor plan
Planta baja / Ground floor plan
Planta sótano / Basement plan

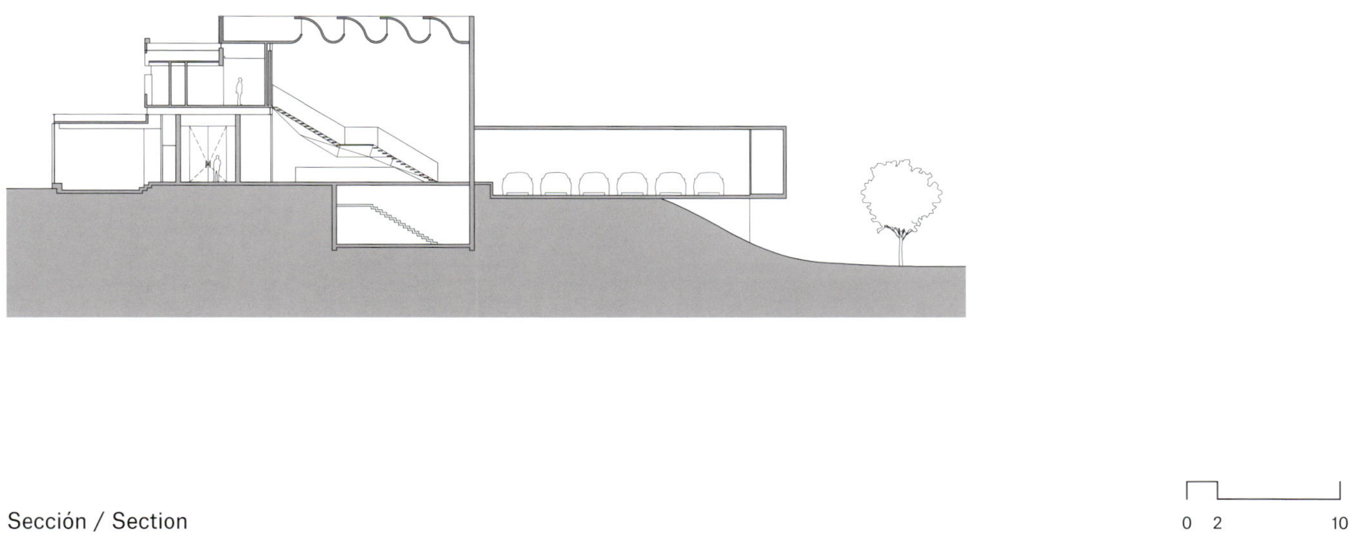

Sección / Section

30

El Vino

MR2
SEU-61-78

Casa CH

Ubicación / Location
San Pedro Garza García, Nuevo León

Tipología / Typology
Residencial / Residential

Estatus / Status
Construido / Built

Área / Area
850 m² / 9,149 ft²

Fotografía / Photography
Jorge Taboada

En un privilegiado terreno ocupado por una construcción obsoleta, se tuvo la disyuntiva de remodelar o demoler para dar paso a un nuevo proyecto residencial. En conjunto con el cliente, se optó por esta última opción y se procedió a demoler, adecuando los niveles de acuerdo con el nuevo esquema, en el que se buscó explotar al máximo las vistas de la ciudad.

El jardín posterior desaparece dejando sólo un estrecho jardín contemplativo, el cual adquiere un carácter muy especial gracias al corte de la roca existente. La cocina, antecomedor, sala familiar y recámara principal disfrutan visualmente el efecto.

En el interior, un gran salón de doble altura con un conjunto de tragaluces de concreto aparente se convierte en el corazón del proyecto, debido al interesante efecto de luz natural controlada que lo inunda. En torno a él, las habitaciones, terrazas, *home theater*, puentes y oficina se desarrollan completando el programa.

En el último nivel, la oficina goza de unas espléndidas vistas a la ciudad, además de estar abierta mediante un gran ventanal a la sala-comedor de doble altura, logrando así una sensación de transparencia y de tener el puente flotando sobre la terraza.

Los materiales, principalmente el concreto gris, la madera de encino, el granito negro en las fachadas, así como los aplanados blancos interiores y exteriores, le aportan al proyecto un carácter sobrio y contemporáneo.

The choice for this well-located site was between remodeling an outdated existing construction or demolishing it to make way for a new residential project. A joint decision was taken with the client to opt for the latter option, adjusting the levels according to the new layout in order to take full advantage of the views over the city.

The rear garden disappears, leaving a narrow contemplative rockery, given special character by the cut into the existing stone formation—an effect that can be enjoyed from the kitchen, breakfast area, family lounge, and master bedroom.

Inside, a large double-height room with a series of skylights framed by exposed concrete forms the heart of the project, given the interesting regulated naturally-lit effect. The bedrooms, terraces, home theater, circulation bridges, and office are distributed around it and complete the program.

A spectacular cityscape lies before the study on the top floor, which opens to the living and double-height dining room through a large picture window, and gives a sense of transparency and of a bridge floating over the terrace.

The materials—mainly gray concrete, oak, black granite on the faces, combined with white plastering on the interior and exteriors—give the project its elegant, contemporary character.

2013

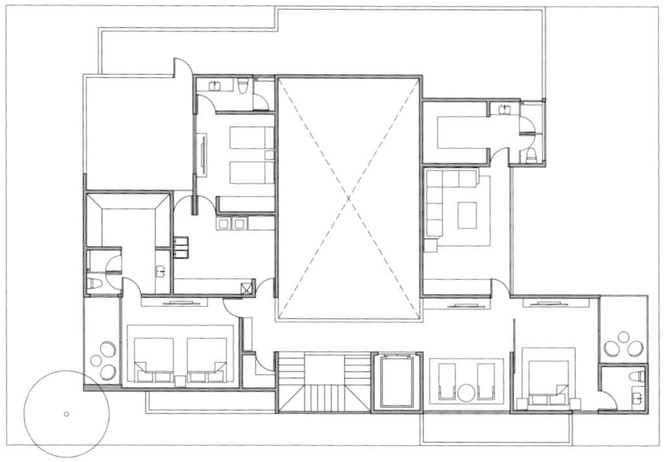

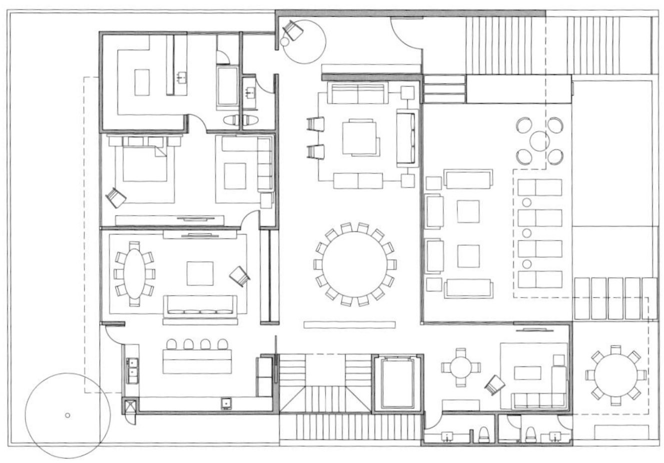

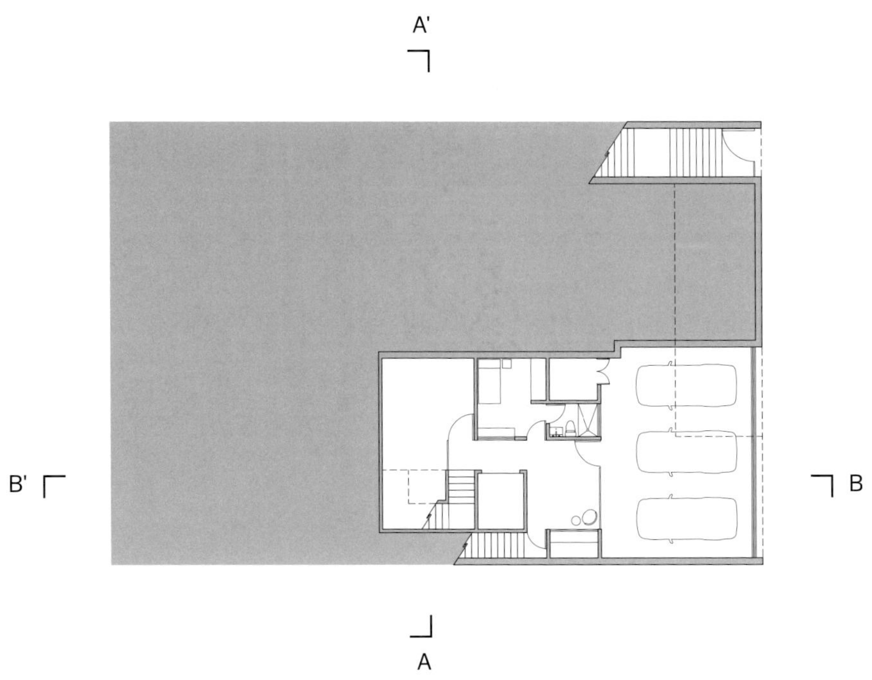

Planta nivel 2 / Level 2 plan
Planta nivel 1 / Level 1 plan
Planta baja / Ground floor plan

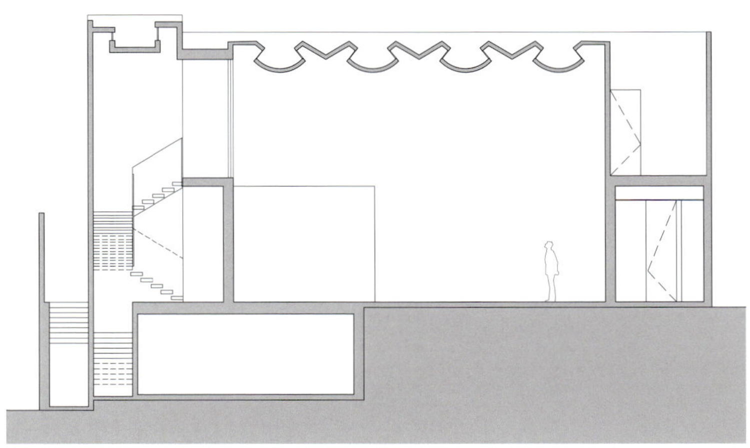

Sección A-A' / Section A-A'

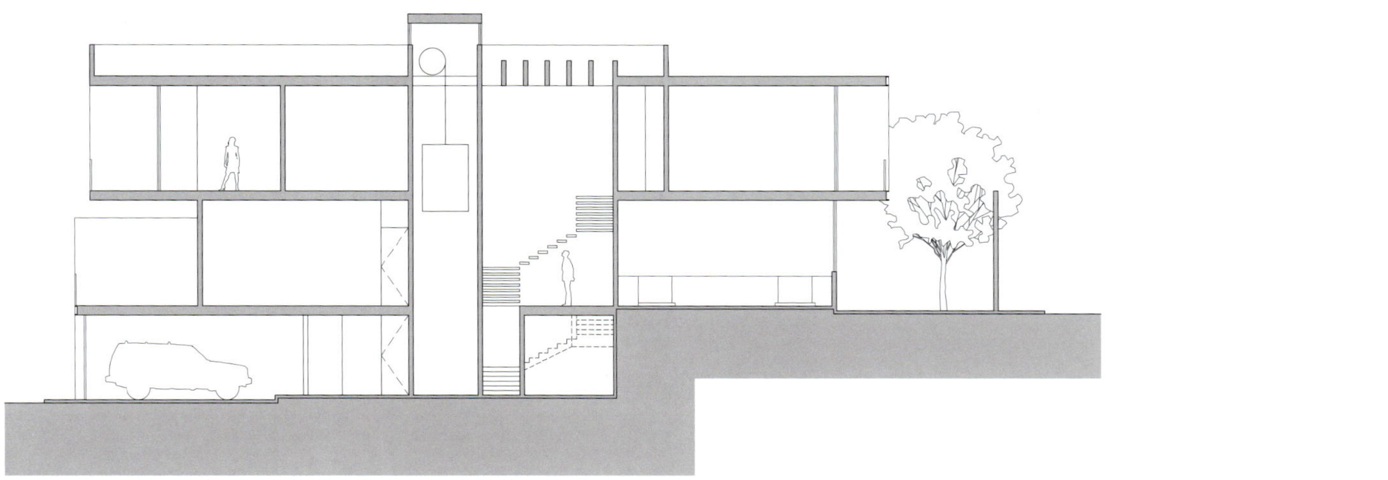

Sección B-B' / Section B-B'

FICREA
Servicios Financieros
STARBUCKS COFFEE

Magma Towers

Ubicación / Location
San Pedro Garza García, Nuevo León

Tipología / Typology
Vertical / High-rise

Estatus / Status
Construido / Built

Área / Area
38,450 m² / 413,872 ft²

Paisajismo / Landscape design
Claudia Harari

Interiores / Interior design
Héctor Esrawe, Ana Landa

Fotografía / Photography
Jorge Taboada

Dos monolitos labrados modifican y enriquecen el paisaje; esculturas con vida propia en donde se descubren espacios habitables, terrazas y una exclusiva zona comercial, traducida en ambientes y sensaciones que te llevan a un estilo de vida único, todo en un mismo lugar.

Magma Towers es un proyecto de usos mixtos localizado en la exclusiva zona de Valle Oriente. El proyecto consiste en dos torres residenciales de apariencia monolítica que se alzan sobre un basamento de dos plantas comerciales con estacionamiento subterráneo. Los monolitos interactúan entre sí en la terraza que separa las áreas residenciales y comerciales. Este nivel se utiliza para alojar la mayoría de las áreas comunes como el gimnasio, el bar y la alberca.

La variedad de configuraciones de los 230 departamentos que el proyecto alberga permitió una gran libertad en la composición del edificio, donde unidades tipo *loft* con doble altura y *penthouses* coexisten con departamentos tipo. La morfología de las torres consiste en una geometría que genera dinamismo en las fachadas del edificio, mismas que cuentan con un recubrimiento cerámico instalado con sistema ventilado. El diseño aleatorio de las ventanas y las variaciones en profundidad y tamaño de los balcones se hacen parte de este movimiento y le confieren a Magma Towers un sello propio, original y permanente.

Two carved, monolithic blocks transform and enhance the landscape; active sculptures with living spaces, terraces, and exclusive shops that become settings and experiences for a unique lifestyle, all in one place.

Magma Towers is a mixed-use development in the upscale Valle Oriente area. Two residential towers rise monolithically from two levels of retail premises, with underground parking. The two structures interact via the terrace separating the residential from the shopping areas. Most of the common areas are on this level, as well as the gym, bar, and swimming pool.

The various configurations of the project's 230 residential units free up the building's composition to include double-height lofts, penthouses, and studio apartments. The geometry of the towers' morphology generates dynamic façades, whose ceramic cladding incorporates a ventilation system. The random pattern of the window openings and the balconies' varying depths and sizes all become part of this movement and give Magma Towers their unique, original, and enduring appeal.

2013

EL URBAN DELI
Es Hora
de Comer Bien

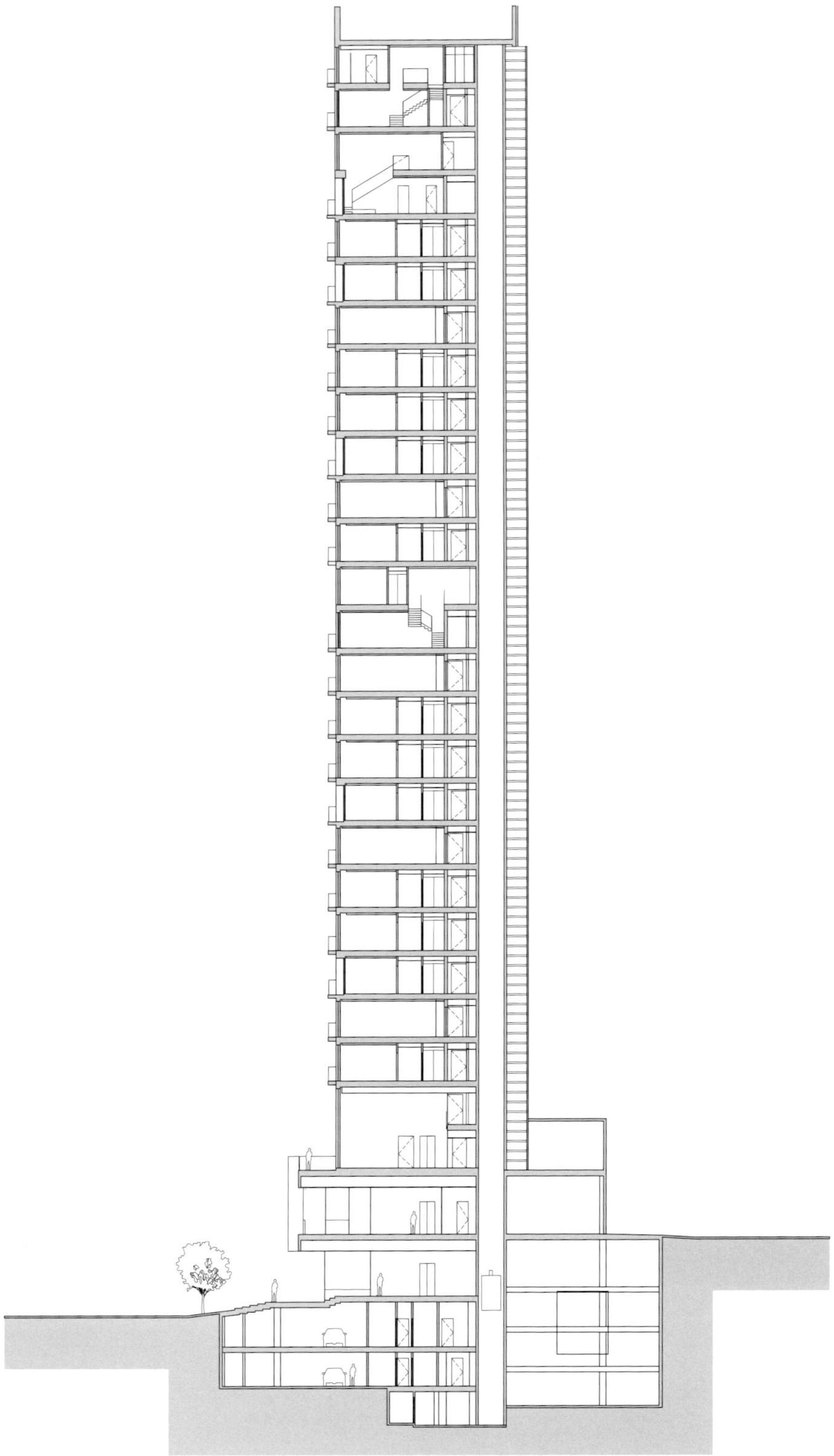

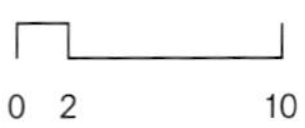

Sección / Section

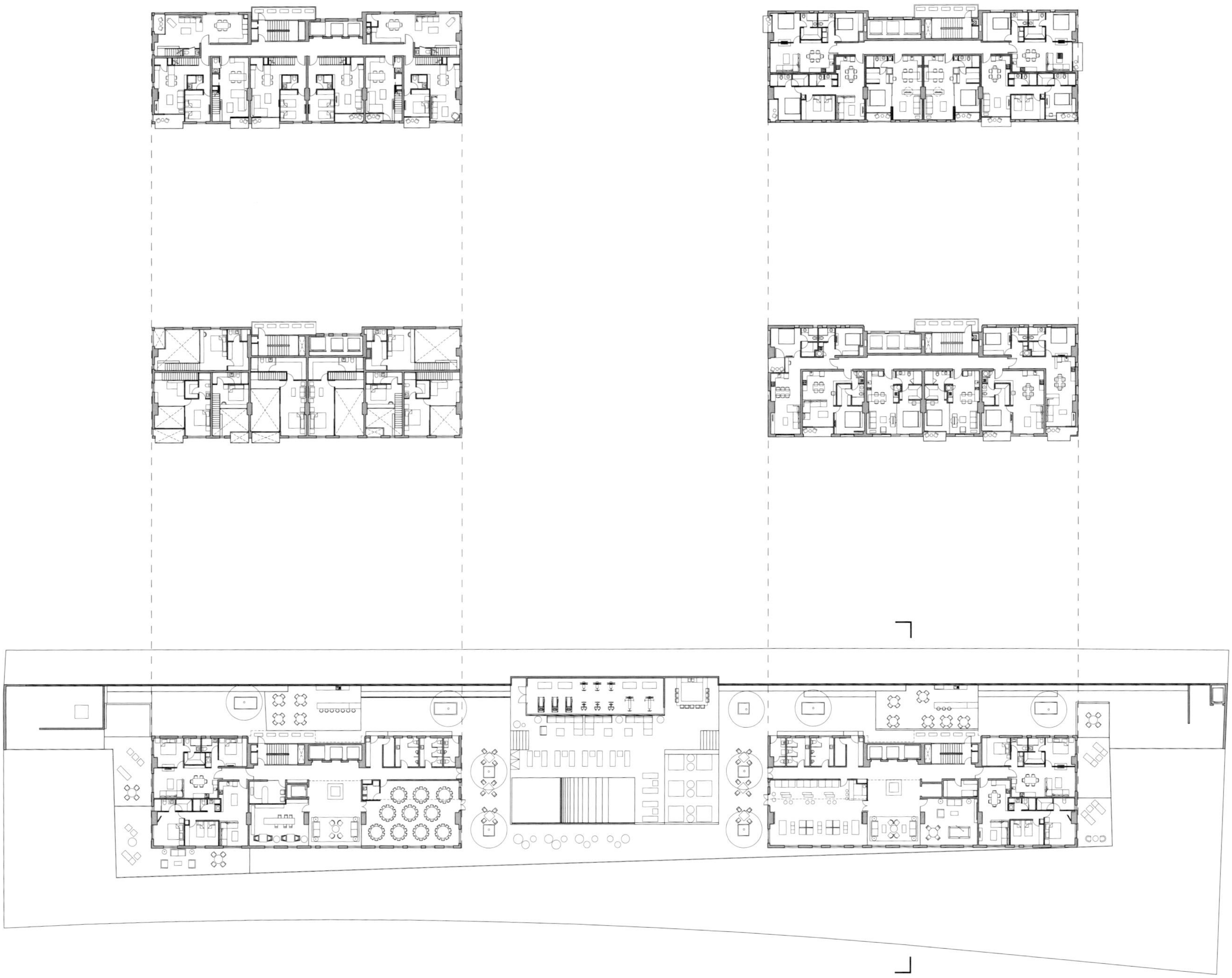

0 2 5 15

Planta lofts 2 / Lofts 2 plan
Planta lofts 1 / Lofts 1 plan
Planta lobby / Lobby plan

Planta tipo 2 / Typical floor plan 2
Planta tipo 1 / Typical floor plan 1

Negras torres negras

Alberto Campo Baeza

Ustedes se preguntarán: ¿por qué titular negras torres negras? ¿es que no hay muchas torres negras? Si claro, ya lo sé, pero es que no hay ninguna, y menos dos, tan negras como éstas. Ni tan hermosas.

Porque estas dos torres, a fuer de negras, son hermosísimas. Y juntas producen un efecto aún más contundente.

Aquí, en Monterrey, en la zona de Valle Oriente, frente a la ventana de mi hotel, las he tenido presentes todos los días. Su poderosa imagen no se borrará jamás de mi memoria. Y para colmo, la cena del último día tuvo lugar en las zonas comunes de esas torres que se alojan en el zócalo que, por supuesto, también es negro. Con lo cual las he tenido bien cerca, las he tocado con mis manos.

Las proporciones son adecuadas para verlas siempre bien esbeltas, aunque todavía se acentúe más esta esbeltez en las fachadas más estrechas.

El material es extremadamente sencillo: placas cerámicas grandes rectangulares, negras, colocadas tanto en horizontal como en vertical, según convenga. Alguien podría pensar que son placas de granito negro tratadas al fuego, porque eso parecen. Colocadas como fachada ventilada de manera que al calentarse con el sol tienen un cierto movimiento que impide la rotura. La junta, de silicona negra muy bien realizada, también es negra. También las carpinterías de las ventanas, de aluminio lacado en negro, se funden con el conjunto.

En la fachada la disposición de las ventanas es libre. Libre pero bien pautada, como si fueran notas dentro de un pentagrama. Además la mayoría de los huecos son excavados en la fachada de manera que, siendo sus jambas, alféizares y dinteles también negros, su profundidad acentúa aún más el carácter oscuro de las torres. Son oscuras, negras, pero limpias, muy limpias. Son potentes. Ni siquiera el vidrio de los petos de los balcones y terrazas resta fuerza con su mínimo brillo a la contundencia del conjunto.

El zócalo o podio común de las dos torres, desarrollado con los mismos materiales y el mismo lenguaje formal, colabora eficazmente a la unidad de toda la operación. Contiene todos los servicios generales de los apartamentos, como restaurantes y cafeterías y piscinas y gimnasios, que sirven puntualmente a las funciones pedidas.

Las ocho esquinas de las cuatro torres, siempre macizas y bien aristadas, en un trazo continuo de arriba abajo, dan un carácter aún más fuerte al conjunto.

Las plantas son impecables y diversas. Las de un buen arquitecto bien experimentado. Se ofrecen muchos tipos de diferentes tamaños que siempre se resuelven con lógica. Esta libertad de las plantas es la que se refleja en la diversidad de los huecos de fachada, que varían en tamaño y profundidad, siendo muchos de esos huecos terrazas profundas.

La imagen general resultante es de una gran fuerza y rotundidad, dentro de una gran contención formal. "*Omit needless words*", reclamaban Strunk y E. B. White para la lengua. Aquí claramente se han utilizado sólo las palabras necesarias, imprescindibles, para lograr una obra hermosísima, una obra maestra.

Black black towers

Alberto Campo Baeza

Why is the the word "black" repeated twice in the title? Are there really that many black towers? These are valid questions, to be sure, but none—let alone two together—are as black or as beautiful as these.

Because these two towers are beyond being just black, they are stunning. And together their impact is even greater.

Here, in the Valle Oriente area of Monterrey, outside my hotel window, I have coexisted with the towers on a daily basis. Their powerful presence will forever be etched in my memory. And to top it off, I ate my last dinner in the city in their communal courtyard area which, needless to say, is also black. I can say I've been close to them, I've touched them with my hands.

The proportions are ideal to be appreciated as slender volumes, and this slenderness is further emphasized on their narrowest façades.

The material is extremely simple: large, black rectangular ceramic plates, arranged horizontally or vertically. They could easily be mistaken for black flamed granite slabs. Installed as a ventilated façade, they can move when heated by the sun, preventing them from cracking. The expertly crafted silicon joints are also black. The black painted aluminum window frames blend into the building as a whole.

The distribution of the windows on the façade is well balanced, but without following a rigid pattern, as if they were music notes in a pentagram. Most of the openings are cut out of the façade and since their jambs, sills, and lintels are also black, their depth emphasizes the darkness of the towers. They are dark, black, but dazzlingly clean. They are powerful. Not even the glass on the parapets of the terraces and balconies, with its faint shimmer, diminishes the strength of the towers.

The towers' central courtyard, developed using the same materials and formal language, effectively complements the entire project. It contains all the residential amenities (restaurants, cafes, swimming pools, gyms) to meet the program's requirements. The eight corners of the two towers—solid and well-edged, in a continuous line from top to bottom—make the development even stronger.

The floor plans are impeccable and varied, manifestly the work of an experienced architect. Although they come in several types and sizes, their intelligent design is constant. Such a freedom in the floor plans is reflected in the diversity of the openings in the façade, which vary in size and depth, with many of these openings being deep terraces.

The overall impression is one of great strength and solidity, as part of a large formal containment. "Omit needless words," advised William Strunk Jr. and E. B. White in their style manual. Here the architect has used only the necessary words to achieve this beautiful construction, a veritable masterpiece.

54

Casa MT

Ubicación / Location
San Pedro Garza García, Nuevo León

Tipología / Typology
Residencial / Residential

Estatus / Status
Construido / Built

Área / Area
1,900 m² / 20,451 ft²

Fotografía / Photography
Jorge Taboada

La casa se emplaza en un predio de grandes dimensiones con una pendiente que permite vistas inigualables hacia el norte de la ciudad. Un club de golf y áreas verdes en primer plano rematan visualmente con el imponente Cerro de Las Mitras. El esquema de la casa se resuelve de forma prácticamente lineal en sus tres niveles descendentes, garantizando a todas las áreas de la casa las vistas antes descritas.

En la planta más alta, a nivel de la banqueta, se desarrolla la mayoría de las áreas sociales de la casa. En este mismo nivel se encuentra una gran cochera para seis autos, así como la cocina y lavandería. En el piso intermedio están las cinco recámaras, una pequeña estancia familiar y un área destinada al estudio. En el nivel inferior, se completa el programa de la residencia con el resto de las áreas sociales, que incluyen una alberca.

En el exterior, dicha alberca se fusiona con un espejo de agua que recibe al visitante, y se complementa con un pequeño pabellón abierto. Estas amenidades se encuentran en una enorme losa-jardín que está ocho metros debajo de la calle superior y 12 metros arriba de la calle inferior, lo cual implicó un reto de ingeniería. El gran muro que se ve desde la parte baja de la casa y que oculta los soportes de la losa-jardín está recubierto en su totalidad de piedra laja, a fin de mimetizarse con el corte natural de la piedra existente.

Para los recubrimientos de la casa se eligió trabajar con una paleta de materiales a base de aplanados blancos, madera sintética, piedra Miracema, grandes áreas acristaladas, así como diversos elementos de acero expuesto. En los interiores, los materiales que predominan son el mármol Santo Tomás y la madera de nogal natural.

The house is located on a large, sloping lot with unparalleled views to the north of the city. A golf club and green space in the foreground is visually juxtaposed with the imposing Cerro de Las Mitras. The house layout is practically linear on its three descending levels, guaranteeing that each part of the house has the view described above.

Most of the social areas of the house are located on the top floor, at grade. This level also houses the large parking area for six cars, as well as the kitchen and laundry area. The five bedrooms are on the mezzanine floor, along with a small family lounge and study area. On the bottom floor, the residence's program is completed with the other social areas of the house, including a swimming pool.

Outside, this pool blends into a reflecting pool that welcomes visitors, and is complemented by a small, open pavilion structure. These amenities are contained in an enormous, cantilevered garden eight meters below the upper street level and 12 meters above the lower street, requiring a feat of great engineering skill. The large wall seen from the lower part of the house and which conceals the supports of the cantilevered garden is clad completely in slab stone in order to blend in with the natural cut of the existing rock.

The finishing materials predominantly consist of white plastering, engineered wood, Miracema stone, large, glazed areas, as well as various elements of exposed steel elements and—for the interiors—Santo Tomás marble and natural walnut.

2015

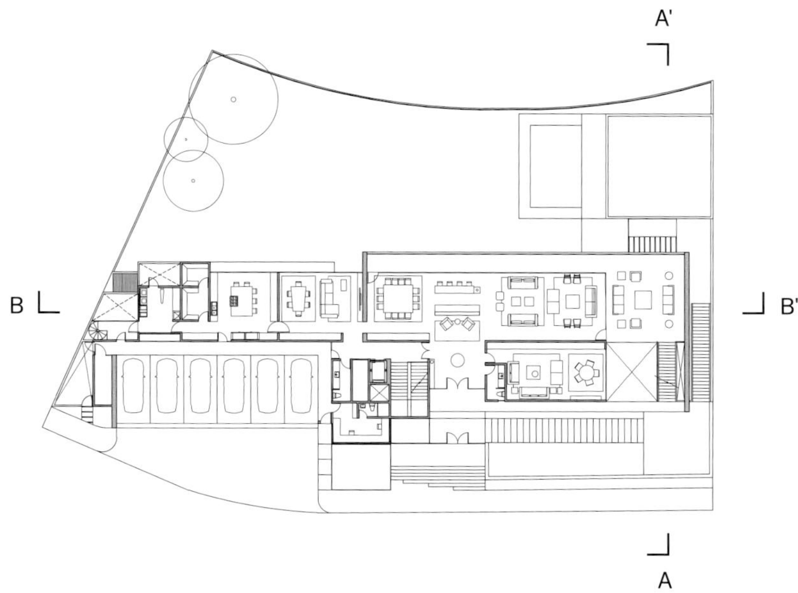

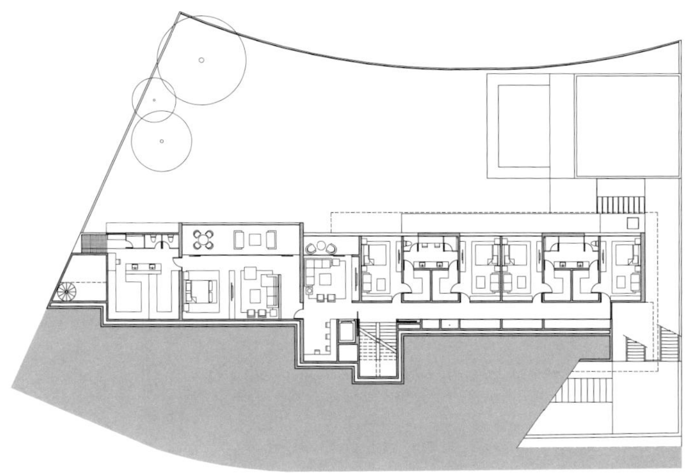

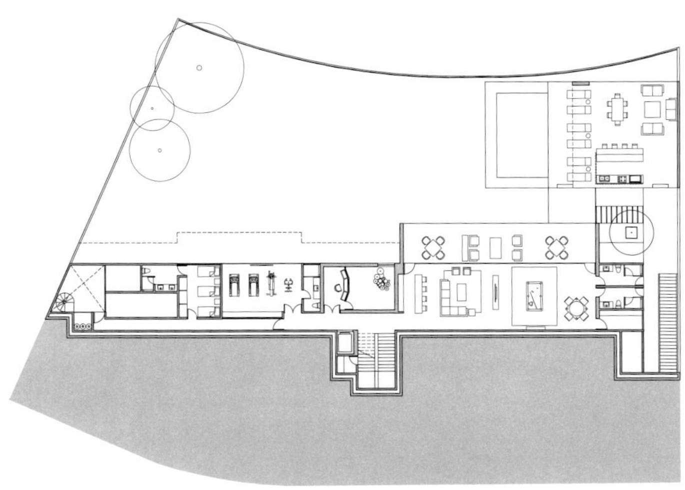

Planta baja / Ground floor plan
Planta nivel -1 / Level -1 plan
Planta nivel -2 / Level -2 plan

0 2 10

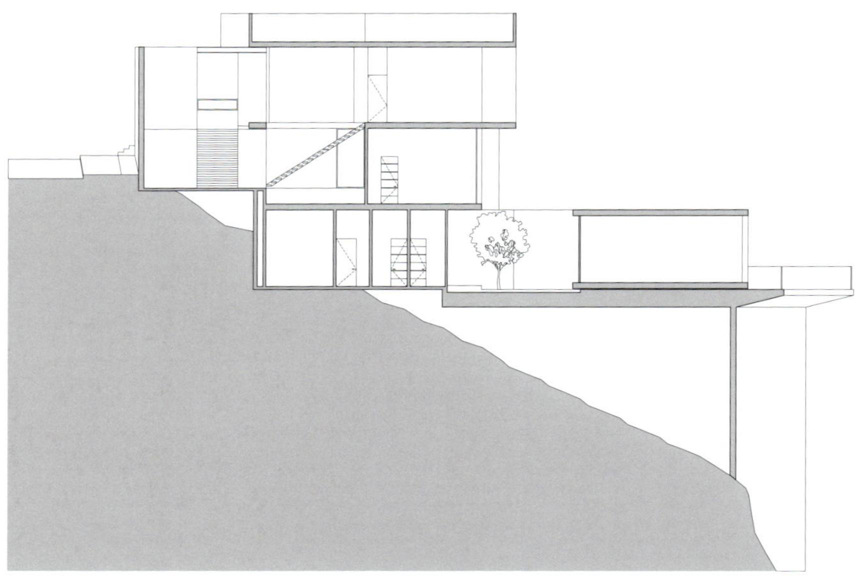

Sección A-A' / Section A-A'

Sección B-B' / Section B-B'

62

Domus Aurea

Ubicación / Location
San Pedro Garza García, Nuevo León

Tipología / Typology
Residencial / Residential

Estatus / Status
Construido / Built

Área / Area
550 m² / 5,920 ft²

Colaboración / Collaboration
Alberto Campo Baeza

Fotografía / Photography
Javier Callejas Sevilla

Insertada en una de las zonas más privilegiadas de Monterrey, con una hermosa vista hacia la Sierra Madre Oriental, se encuentra esta casa que fue el primer premio del Sorteo 202 del Tecnológico de Monterrey.

La casa es un homenaje a Luis Barragán, gran arquitecto mexicano que en sus obras siempre utilizó la luz magistralmente. Ésta se reinterpreta en el proyecto por medio de una luz dorada que proviene del reflejo de un gran muro de hoja de oro, homenaje a otro gran creador, el artista Mathias Goeritz. Una luz que se extiende en toda la casa y le da un toque mágico, como una moderna Domus Aurea.

El esquema del proyecto está basado en la unión de dos espacios de doble altura concatenados en el núcleo de la casa, formando tres niveles entrelazados. En el nivel intermedio se encuentra el muro con hoja de oro, el cual se ilumina desde el sur y refleja su luz dorada en la planta baja y la azotea.

En la planta baja de la casa se encuentran las zonas más públicas como la sala, comedor, cocina, estancia familiar, sala de cine y bar. En la planta alta se encuentran las recámaras y, al centro de este nivel, una sala de lectura que une los espacios y se asoma a la planta baja. En la azotea se encuentra la alberca que, por un lado, tiene vista a la sala de lectura en el nivel intermedio y su impresionante muro dorado y, por el otro, enmarca sus vistas hacia la majestuosa Sierra Madre Oriental.

Located in one of Monterrey's most upscale neighborhoods, with stunning views of the Sierra Madre Oriental, this house was offered as the first prize in the Tecnológico de Monterrey's lottery (Sorteo 202).

The house pays homage to Luis Barragán, the renowned Mexican architect who always showed a masterful use of light. This project reinterprets this quality through the golden hue reflecting off a large gold-leaf mural, a tribute to another great creative genius, the artist Mathias Goeritz. A golden light suffuses the entire house to create a magical feel, like a modern Domus Aurea.

The project's layout is based on the union of two double-height spaces linked at the core of the home, creating three interlinked levels. The mezzanine floor contains the gold-leaf mural, illuminated from the south and reflecting its golden light on the ground floor and rooftop.

The ground floor contains the most public areas: living room, dining area, family lounge, home theater, and bar. The upper floor is used for the bedrooms and, at the center, a reading room that joins the spaces and overlooks the ground floor. The rooftop pool has views onto the mezzanine reading room and its impressive gold-leaf mural, and on the other, it frames views onto the majestic Sierra Madre Oriental.

2016

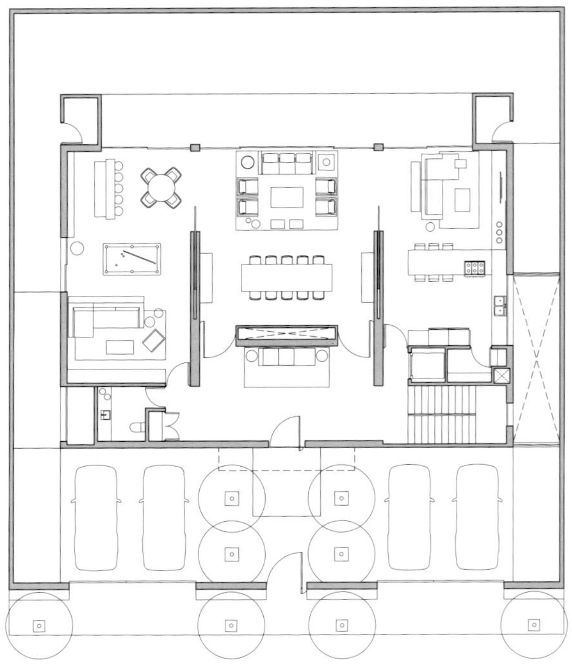

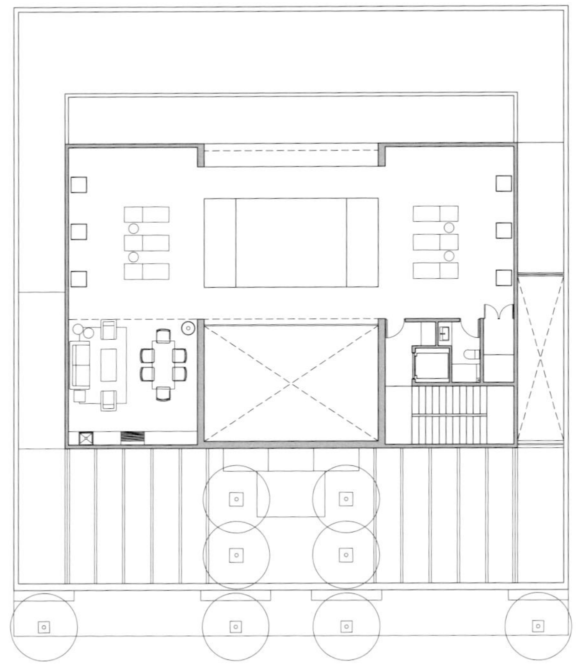

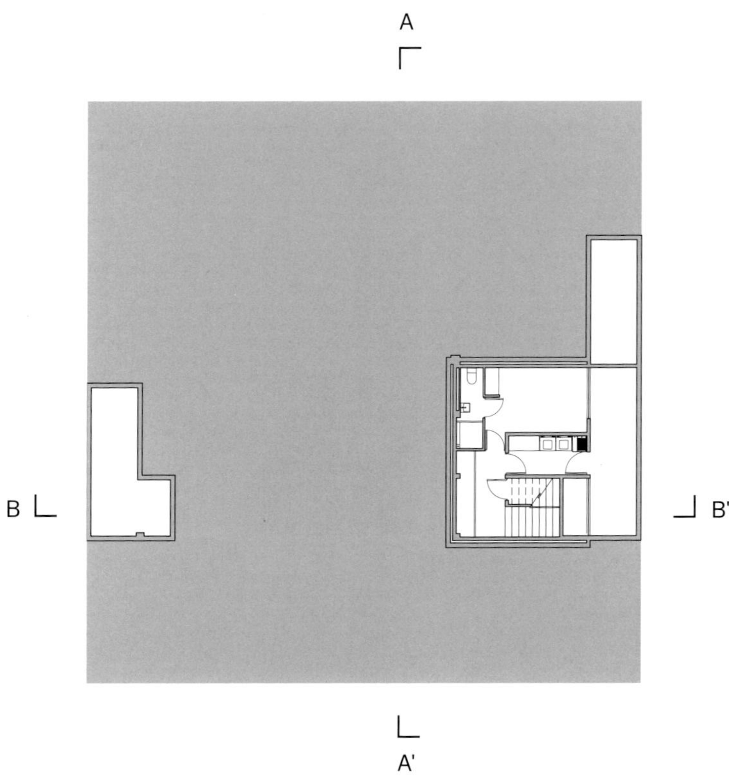

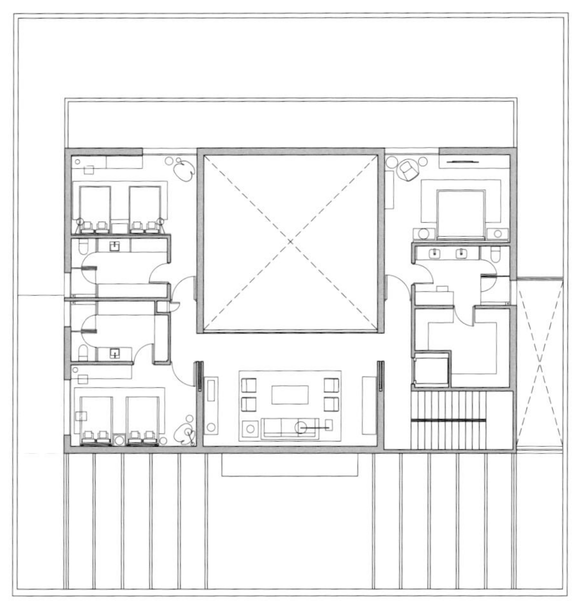

Planta baja / Ground floor plan
Planta sótano / Basement plan

Planta azotea / Rooftop plan
Planta alta / Upper floor plan

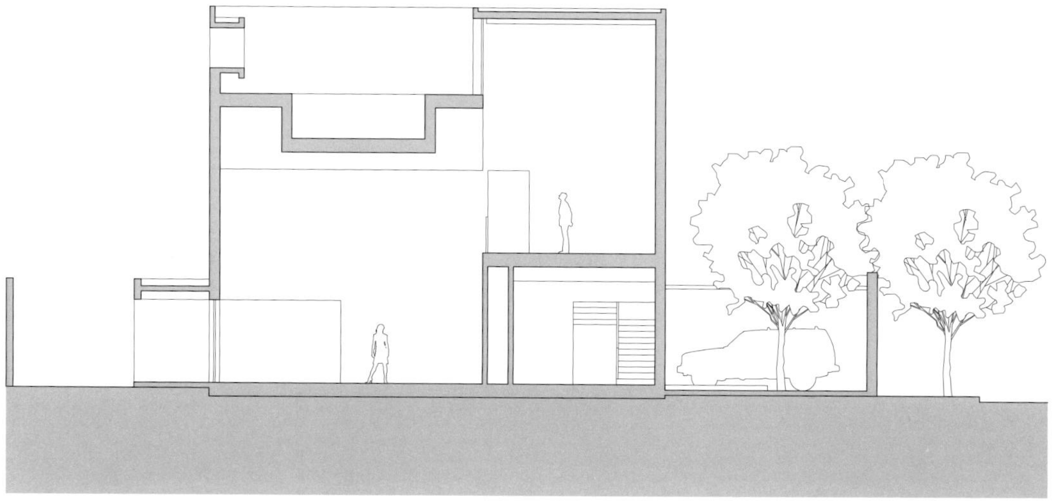

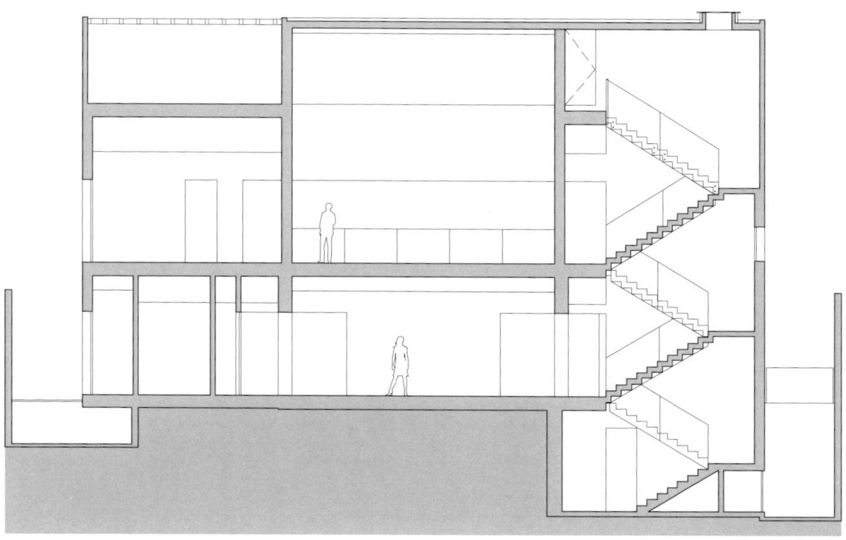

Sección A-A' / Section A-A'
Sección B-B' / Section B-B'

0 1 5

Casa ER

Ubicación / Location
San Pedro Garza García, Nuevo León

Tipología / Typology
Residencial / Residential

Estatus / Status
Construido / Built

Área / Area
935 m² / 10,064 ft²

Fotografía / Photography
Jorge Taboada

La Casa ER se desplanta en un predio ascendente y encajonado entre dos casas existentes. Esta residencia se eleva un nivel y medio respecto a la banqueta para aprovechar las espectaculares vistas de la Sierra Madre que la ubicación nos brinda y, a la vez, remeter el proyecto dejando que la casa respire sin desaprovechar el espacio.

La planta baja está formada por dos volúmenes rectangulares y perpendiculares entre sí. El acceso principal se dirige al primer volumen, el cual alberga el recibidor, la sala y el comedor. Dicho rectángulo funciona como divisor y conector de los jardines frontal y posterior, gracias a los grandes ventanales corredizos que se abren totalmente en ambos lados. Este primer volumen remata en el centro del segundo, donde se encuentra la circulación vertical de la casa. En un extremo de este volumen se ubican la cocina y el área de servicio, y en el otro, el bar y salón de juegos.

En la planta alta se localiza el área privada de la casa, donde se encuentran las recámaras, una estancia familiar, terrazas y estudio.

En la paleta de acabados se utilizaron mármol Santo Tomás, carpinterías de nogal, recinto volcánico, espejos, telas de diversos tonos y texturas, así como pieles y linos. En el proyecto de interiores se utilizaron principalmente colores cálidos y neutros para crear espacios modernos y acogedores.

Built on a slope, and inserted between two existing houses, Casa ER rises one and a half levels above grade—maximizing the site's spectacular views of the Sierra Madre, setting the residence back to allow the house to breathe, and optimizing space.

The ground floor's two rectangular volumes are perpendicular to each other. The main entrance leads to the first volume, which contains the reception area, lounge and dining room. This rectangle is a partition that also creates a connection to the front and rear gardens, thanks to the large sliding glass windows that open completely on both sides. This first volume adjoins the central part of the second, which houses the circulation core. The kitchen and service area are placed at one end of this volume; a bar and games room at the other.

The top floor contains the residence's private areas: bedrooms, family lounge, terraces, and study.

Finishing materials include Santo Tomás marble, walnut, volcanic stone, mirrors, fabrics of various hues and textures, as well as leather and linen details. Warm, neutral colors create modern and inviting interiors.

2017

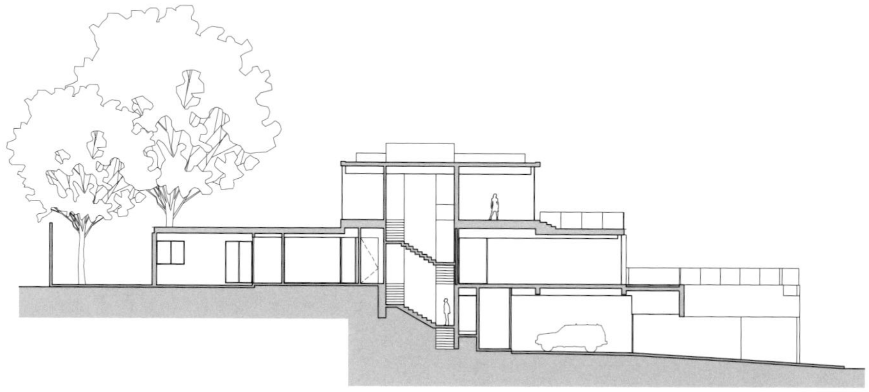

Sección / Section

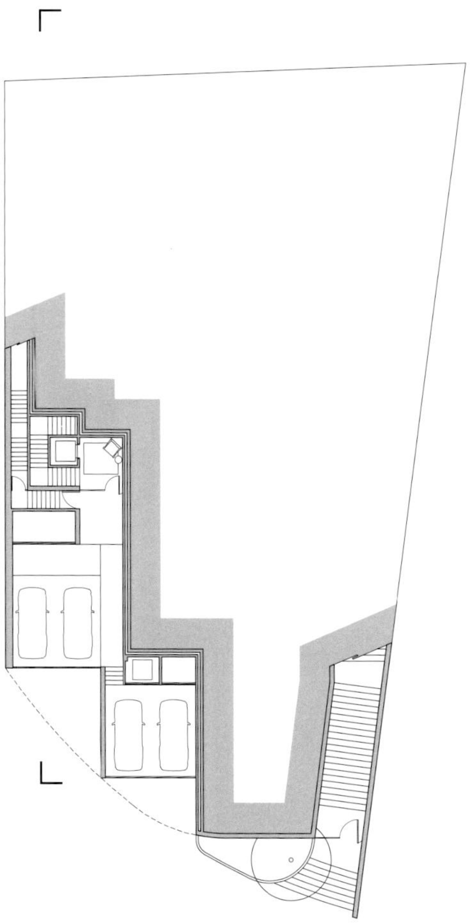

Planta baja / Ground floor plan

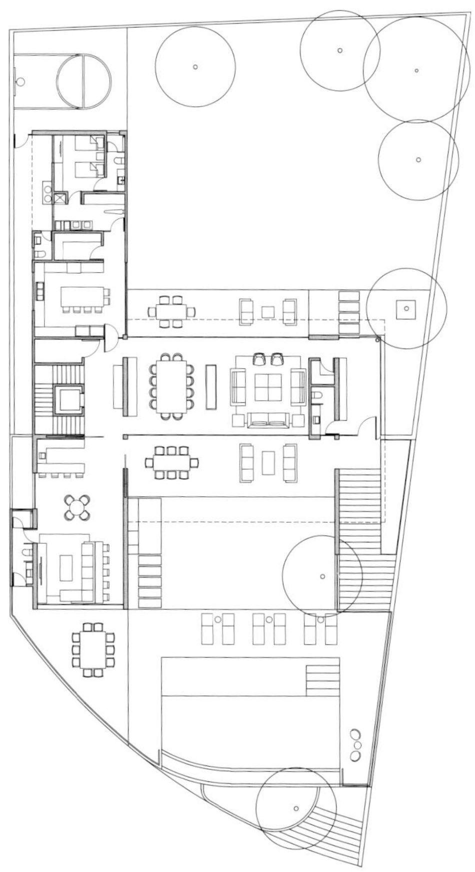

Planta nivel 1 / Level 1 plan

Planta nivel 2 / Level 2 plan

0 2 10

Biblioteca Tec de Monterrey

Ubicación / Location
Monterrey, Nuevo León

Tipología / Typology
Educación / Education

Estatus / Status
Construido / Built

Área / Area
17,160 m² / 184,708 ft²

Arquitecto / Architect
Sasaki Associates

Arquitectos asociados / Associated architects
GLR Arquitectos, RDLP Arquitectos

Fotografía / Photography
Jorge Taboada, The Raws

La nueva biblioteca del Tecnológico de Monterrey es parte del plan maestro del Campus Monterrey, conocido también como Distrito Tec. El proyecto arquitectónico de este edificio estuvo liderado por Sasaki Associates, tendiendo a las firmas mexicanas GLR Arquitectos y RDLP Arquitectos como asociadas.

La biblioteca cuenta con seis niveles donde los estudiantes, profesores, personal, y grupos de estudio se unen para obtener información, estudiar y colaborar. La experiencia de la biblioteca representa y consolida la naturaleza dinámica del modelo de enseñanza y aprendizaje del Tec. Así, el edificio es flexible y adaptable, garantizando que la experiencia se refleje y mantenga en la actualidad y hacia el futuro.

Este nuevo y simbólico edificio crea un espacio vital en el centro del campus, el cual funciona para recibir el acervo general, espacios administrativos, un café, espacios de exhibición, un auditorio, así como áreas comunes y multifuncionales. El proyecto plantea una gran variedad de áreas de estudio que van desde las mesas para lectura y espacios de estudio grupales hasta cubículos privados, dependiendo del tamaño de los grupos y las necesidades específicas.

La envolvente se definió con una piel de aluminio y cristal. Para mejorar el comportamiento térmico, se diseñaron cartelas diagonales que controlan la radiación solar directa y se utilizó un cristal de baja emisividad que sólo absorbe 23% del calor recibido. Asimismo, gracias al diseño basado en la eficiencia energética, se logró un 32% de mejora en el comportamiento energético total del edificio. El edificio cuenta con una certificación LEED Oro.

The Tecnológico de Monterrey's New Main Library is part of the master plan for the Monterrey Campus, also known as the Distrito Tec. Sasaki Associates worked as lead architecture firm for the project, in association with Mexican studios GLR Arquitectos and RDLP Arquitectos.

The library has six levels where students, professors, staff, and study groups can gather to research, study, and collaborate. The library experience represents and consolidates the dynamic teaching and learning environment at the university. Therefore, the flexible and adaptable building guarantees that the experience is reflected and endures from now and into the future.

This new and symbolic building creates a vital space in the heart of the campus. It contains the main library, offices, cafeteria, exhibition spaces, auditorium, as well as communal and multiple-use areas. The project proposes a wide variety of study areas that range from reading tables and group study spaces to private cubicles, depending on the size of group and specific needs.

An aluminum-and-glass cladding was used for the building's skin, and diagonal brackets improve thermal performance by regulating direct solar gain, with low-emissivity glass that only absorbs 23% of the heat received. Awarded a LEED Gold certificate, the building has an energy-efficient design that improves its energy performance by 32%.

2017

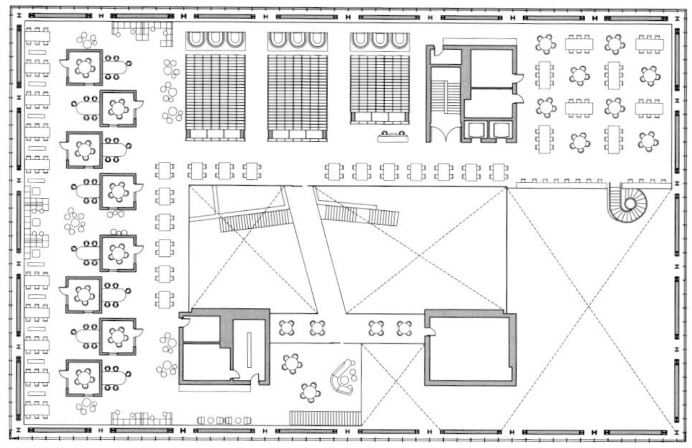

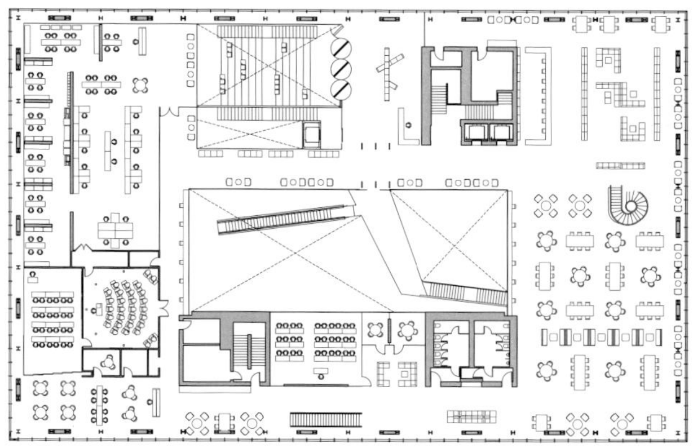

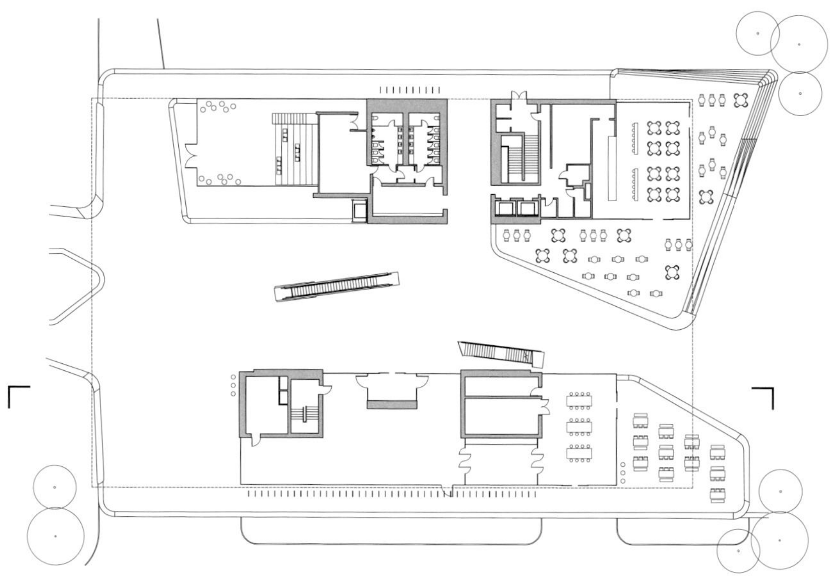

Planta nivel 3 / Level 3 plan
Planta nivel 2 / Level 2 plan
Planta baja / Ground floor plan

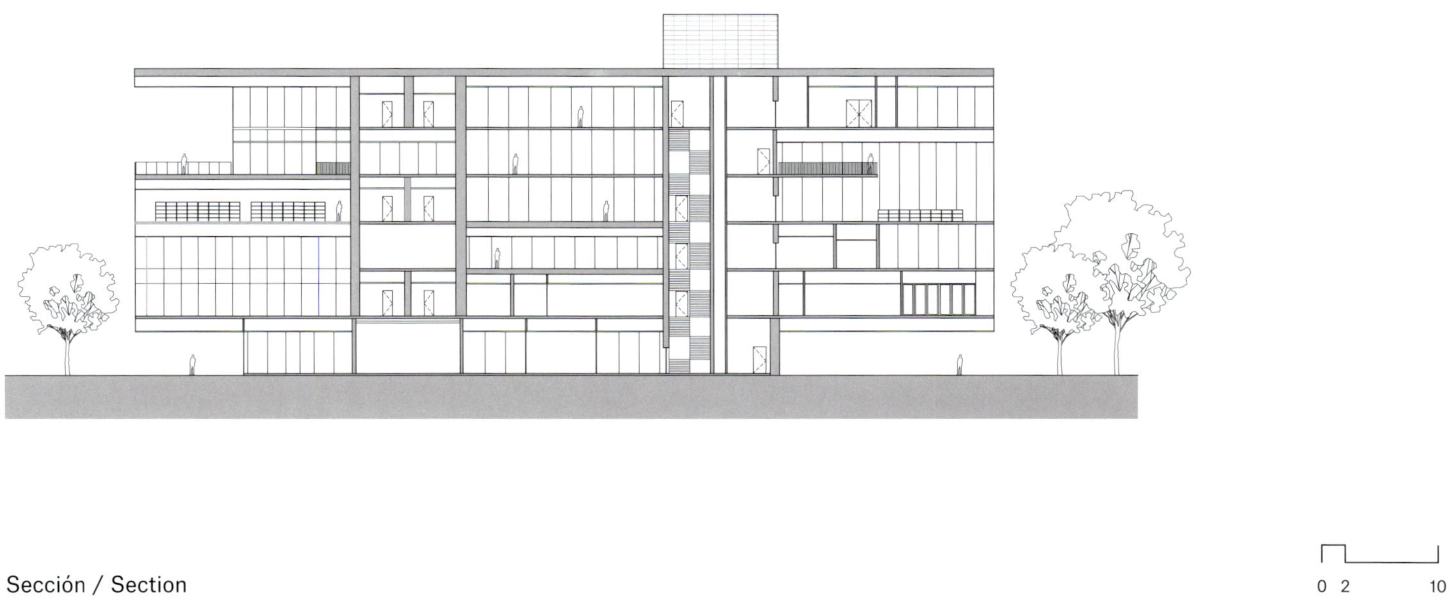

Sección / Section

PLÁSTICO
TODO LO DEMÁS

Pabellón La Carreta

Ubicación / Location
Monterrey, Nuevo León

Tipología / Typology
Educación / Education

Estatus / Status
Construido / Built

Área / Area
1,200 m² / 12,916 ft²

Arquitecto / Architect
Sasaki Associates

Arquitectos asocioados / Associated architects
GLR Arquitectos, RDLP Arquitectos

Fotografía / Photography
Jorge Taboada, The Raws

El Pabellón La Carreta se localiza en el corazón del Tecnológico de Monterrey, siendo parte del plan maestro del Campus Monterrey, conocido también como Distrito Tec. El nuevo edificio se encuentra a espaldas del emblemático edificio de rectoría, y reemplaza a una antigua cafetería del mismo nombre, la cual fungió por décadas como centro de encuentro, teniendo un lugar muy especial en la memoria colectiva de los estudiantes.

El proyecto fue concebido por la firma internacional Sasaki Associates en colaboración con las firmas mexicanas GLR Arquitectos, RDLP Arquitectos y la empresa de manufactura industrial Kinetica, quienes prefabricaron todas las piezas de acero del edificio, así como todo el sistema de ventanas y parasoles a fin de agilizar el proceso constructivo del mismo.

Bajo un análisis que tuvo en consideración nuevos requerimientos de aforo, diversidad de actividades y las necesidades actuales, el pabellón fue planteado como un espacio para detonar la colaboración, el intercambio de ideas y la innovación que maximiza las características de una de las cafeterías más emblemáticas del campus. Todo esto se ve reflejado en un pabellón con una estructura transparente que hace visibles las conexiones, vivencias y trabajo en equipo que se realizarán en él.

El nuevo edificio no cambia en su concepto, sino que potencia la vocación de lugar de encuentro con espacios más flexibles. Lo que antes era únicamente un espacio de servicios alimenticios, hoy puede funcionar como una sala de conferencias, espacio para exposiciones temporales, recinto para ofrecer una cena formal para más de 100 personas, o bien, para realizar un concierto de piano o de música de cámara.

Located in the heart of the Tecnológico de Monterrey, La Carreta Pavilion is part of the master plan for Campus Monterrey, also known as Distrito Tec. The new building sits behind the university's iconic central administrative building and it replaces a former cafeteria of the same name which for decades served as a gathering place for the university community, holding a cherished place in the students' collective memory.

International architecture firm Sasaki Associates designed the project in collaboration with Mexican studios GLR Arquitectos and RDLP Arquitectos, and the industrial manufacturing firm Kinetica, which produced all of the building's prefabricated metal parts, as well as the entire window and brise-soleil system, for maximum construction efficiency.

Following an analysis of new capacity requirements, activities, and current needs, the pavilion was proposed as a space for collaboration; a hub for sharing ideas and innovation to maximize the benefits of one of the most iconic cafés on campus. This is all reflected in a transparent structure that gives visibility to the connections, experiences, and teamwork activities for which it exists.

The new building does not change La Carreta's concept but enhances it by creating more flexible spaces. This space formerly restricted to providing a cafeteria service can now double up as a venue for conferences, temporary exhibitions, formal banqueting for more than 100 persons, or even piano or chamber music recitals.

2017

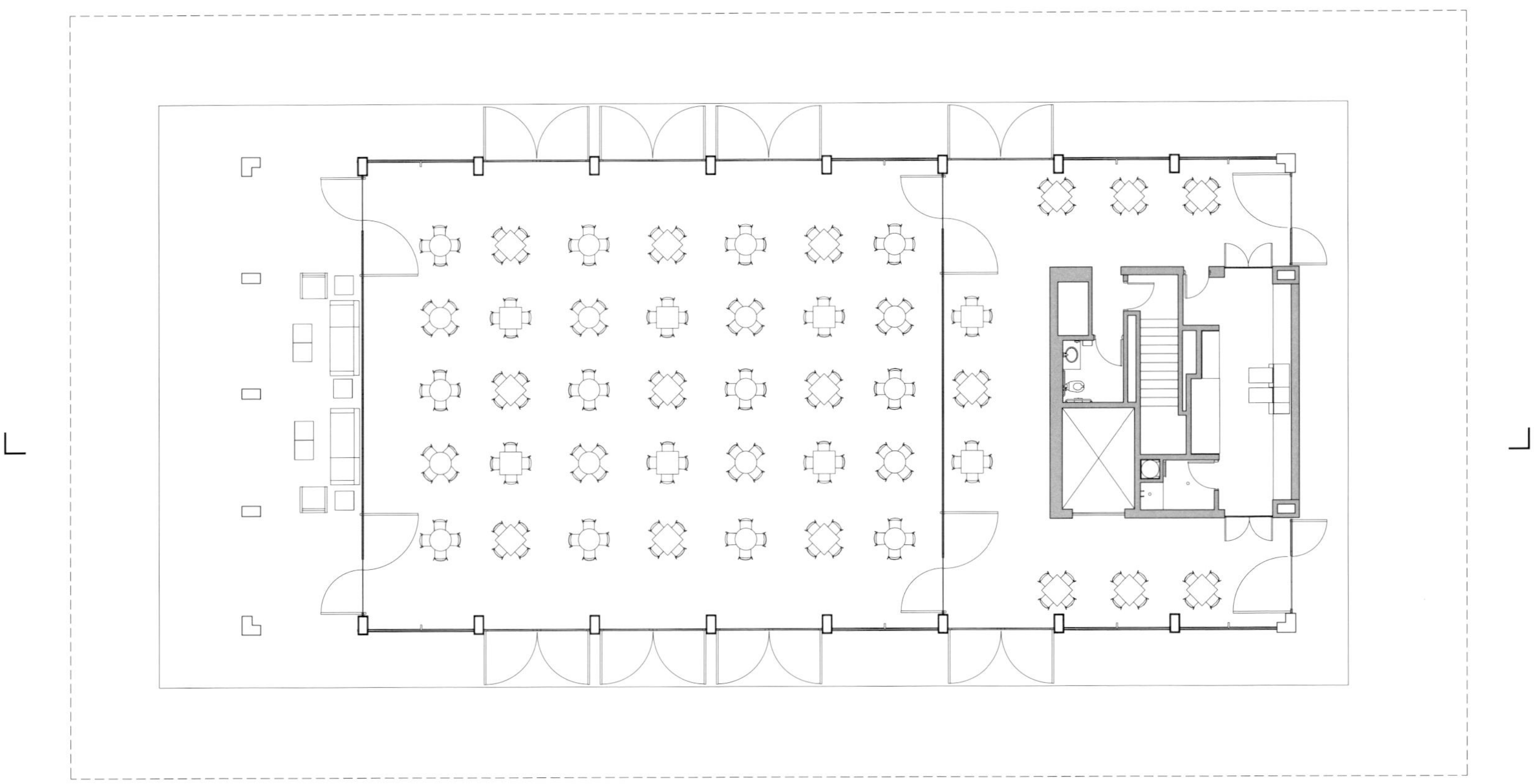

0 1 5

Sección / Section
Planta baja / Ground floor plan

Panem
LA CARRETA

Casa en Las Calzadas

Ubicación / Location
San Pedro Garza García, Nuevo León

Tipología / Typology
Residencial / Residential

Estatus / Status
Construido / Built

Área / Area
1,030 m² / 11,086 ft²

Fotografía / Photography
Jorge Taboada

Un terreno irregular y descendente dicta el programa de esta residencia, desarrollada en tres niveles. El acceso se ubica en el nivel intermedio, el cual recibe al usuario con un espejo de agua y una cochera para cinco autos. Al interior se encuentran distintas áreas sociales en dos volúmenes. El primero contiene el recibidor, el desayunador, la cocina y las áreas de servicio, y está intersectado por un segundo volumen en un ángulo oblicuo que alberga la sala, el comedor y el bar. Los espacios públicos continúan en el nivel inferior, con un gimnasio, un *home theater* y una recámara de huéspedes. El nivel superior contiene las áreas privadas: cuatro habitaciones, cada una con baño y vestidor, y una estancia familiar.

En la parte más baja del terreno se encuentra un gran jardín, con un área social techada y una alberca. Desde aquí se aprecia la composición volumétrica de la casa, la cual consiste en tres prismas rectangulares, que, al desfasarse y rotarse, crean proyecciones y balcones en los niveles superiores.

Este proyecto hace énfasis en el contraste de los diversos materiales. Destacan los volúmenes superior e inferior recubiertos con porcelanato negro que, a su vez, están separados por un volumen intermedio hecho de concreto blanco aparente.

Se optó por utilizar porcelanato tecnológico debido a su apariencia y a su bajo mantenimiento. Su montaje, realizado a partir de un sistema de fachada ventilada, favorece la eficiencia energética, reforzando el enfoque sustentable de este proyecto.

The irregular-shaped, sloping plot defined the program of this three-story residence. The entrance on a mezzanine level receives the user with a reflecting pool and a parking area for five vehicles. Inside, the various social areas are divided into two volumes: one contains the lobby, breakfast area, kitchen, and service areas, and is crossed— at an oblique angle—by a second volume that includes the living room, dining room, and bar. The public spaces continue on the lower level, with a gym, home theater, and guest bedroom. The upper story is reserved for private use: four bedrooms, each with an ensuite bathroom and walk-in closet, and a family lounge.

A large garden at the lowest part of the property adjoins a covered social area and swimming pool. The composition of the house's volumes can be appreciated from this vantage point: three rectangular prisms, which are offset and rotated to create projections and balconies on the upper levels.

This project emphasizes the contrast of different materials. The upper and lower volumes are clad in black ceramic, separated by an intermediate volume of white, exposed concrete. Technological ceramic tiles were used for their attractiveness and low maintenance requirements. Their installation, as part of a ventilated façade system, improves energy efficiency and strengthens this project's focus on sustainability.

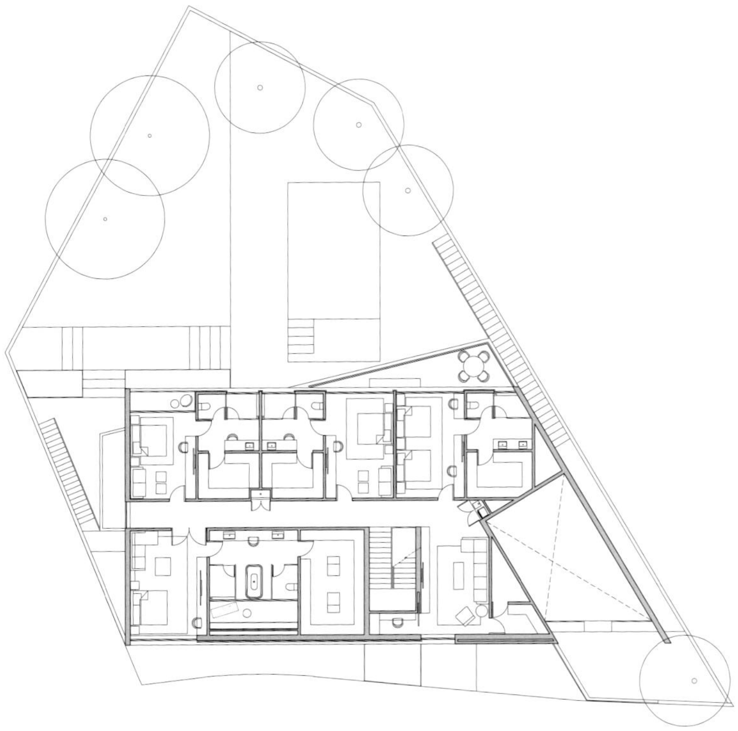

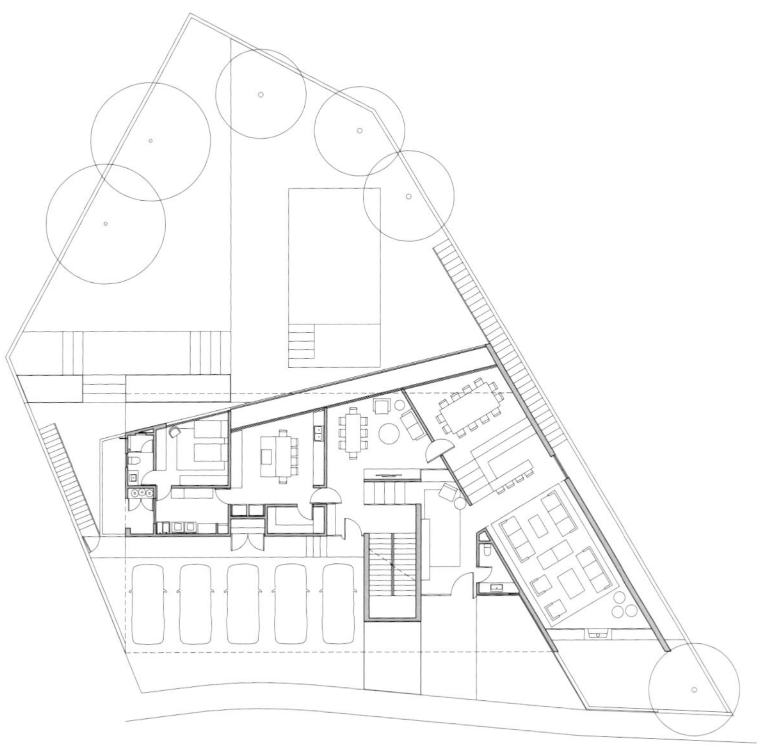

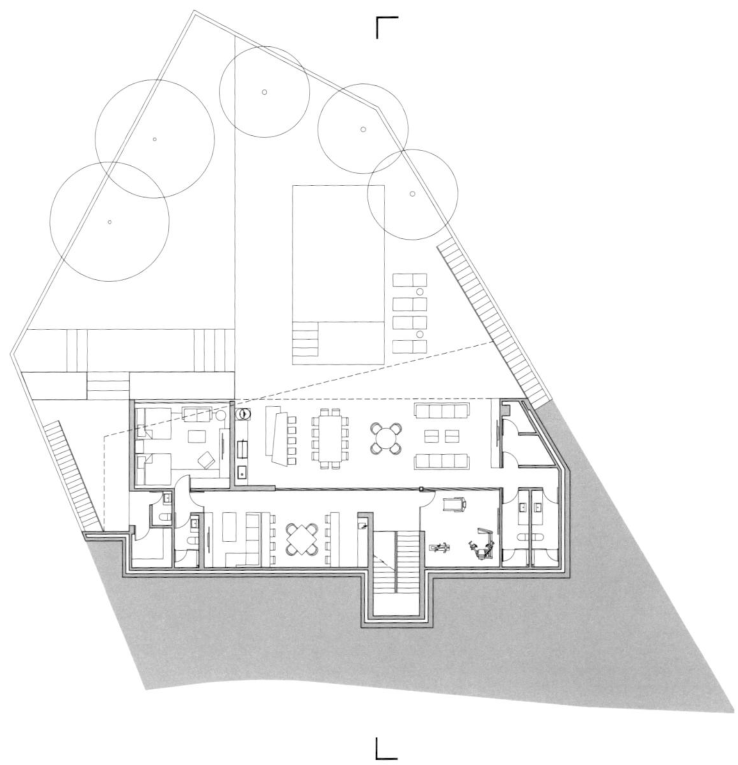

0 2 10

Planta alta / Upper floor plan

Planta baja / Ground floor plan

Planta sótano / Basement plan

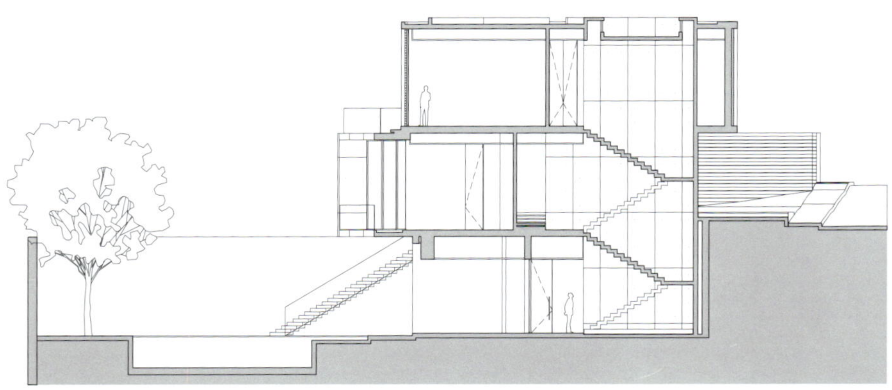

0 2 10

Sección / Section

Casa Cordillera

Ubicación / Location
Santa Catarina, Nuevo León

Tipología / Typology
Residencial / Residential

Estatus / Status
Construido / Built

Área / Area
923 m² / 9,935 ft²

Fotografía / Photography
Jorge Taboada

Incrustada en las faldas de la Sierra Madre, se encuentra esta residencia con más de 900 m², distribuidos en tres niveles. La casa está formada por un volumen principal que vuela sobre la cochera completamente recubierto de recinto volcánico y, sobre él, tres volúmenes de concreto aparente divididos por ventanas de piso a techo remetidas, que dan la apariencia de ser tres cajas separadas vistas desde el exterior.

En el acceso, una escalinata acompañada de jardineras y árboles lleva a la entrada principal. En este espacio se encuentra un espejo de agua rematado con una celosía metálica diseñada especialmente para el proyecto, la cual se repite en diferentes áreas de la casa. Un volado formado por el volumen de la planta alta cubre parcialmente este espacio, le da una sensación de privacidad y crea una transición del exterior al interior. En el recibidor, un ventanal da vista hacia el Cerro de las Mitras, y por el otro lado, un pasillo conduce al área de sala-comedor. En este espacio, el corazón de la casa, el techo se extiende para hacer una doble altura con ventanales en el nivel superior que comunican a la terraza exterior por un lado, y a la estancia familiar por el otro. La doble altura es coronada con un tragaluz de concreto aparente que fue colado de manera artesanal para crear su forma particular. La sala-comedor comunica directamente con todos los espacios de ese nivel, el *home theater* y simulador de golf por un lado, la cocina y estancia familiar por el otro y a una terraza exterior que da servicio al jardín y alberca. El jardín se percibe como un espacio oculto que se encuentra sumergido en el terreno y con plataformas verdes que van subiendo en la parte posterior.

Ensconced in the foothills of the Sierra Madre, this residence of over 9,600 f² is distributed across three stories. The house is formed by a main volume cantilevered over a carport, entirely clad in volcanic stone. Above this element are three, exposed-concrete volumes, divided by floor-to-ceiling recessed windows, appearing as three separate boxes when seen from the outside.

At the entrance, a staircase amid planters and trees leads up to the main entrance. This space includes a reflecting pool and a bespoke metal screen, a design motif repeated in various parts of the house. A cantilever formed by the top-floor volume partially covers this space, giving it a sense of privacy and creating a transition from the outdoor to the indoor space. In the lobby, a picture window offers views of Cerro de las Mitras from one side, and on the other, a corridor leads to the living and dining room area. In this space, in the heart of the home, the roof protrudes to create a double-height space with windows on the upper level connecting to the outdoor terrace on one side, and to the family lounge on the other. This double-height space is crowned by a skylight framed by exposed-concrete, a unique feature thanks to the artisanal concrete-casting method. The living and dining room lead directly onto the other spaces on that level: the home theater and golf simulator on one side, the kitchen and family lounge on the other, and onto an outdoor terrace that connects to the garden and swimming pool. The garden appears as a hidden space, sunk into the ground and with green platforms rising up to the rear.

2019

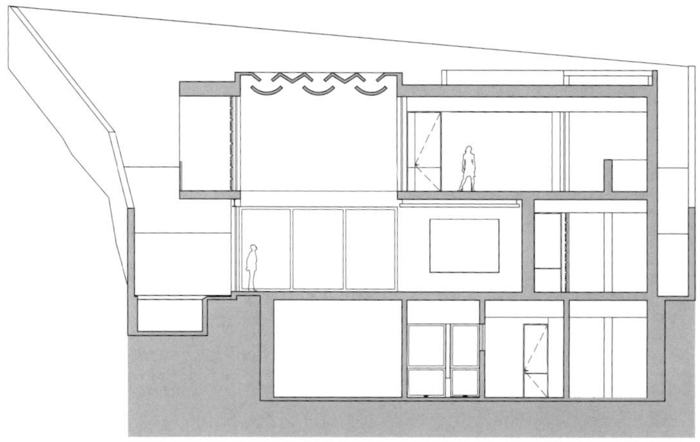

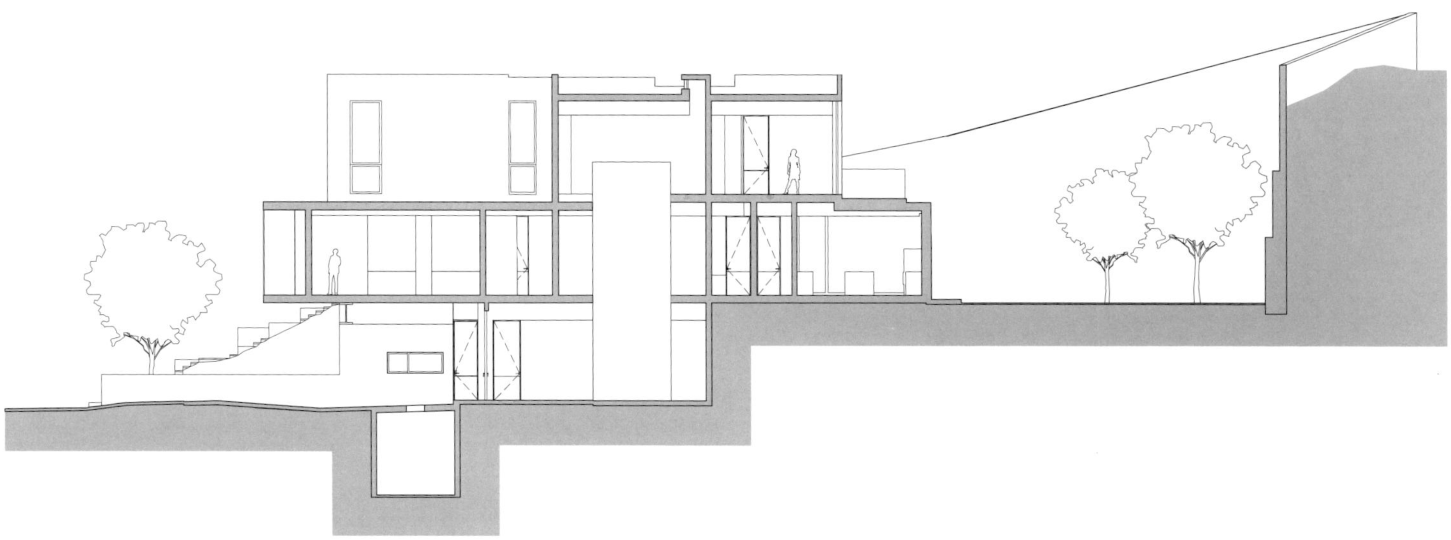

Sección A-A' / Section A-A'
Sección B-B' / Section B-B'

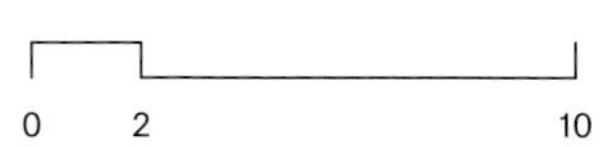

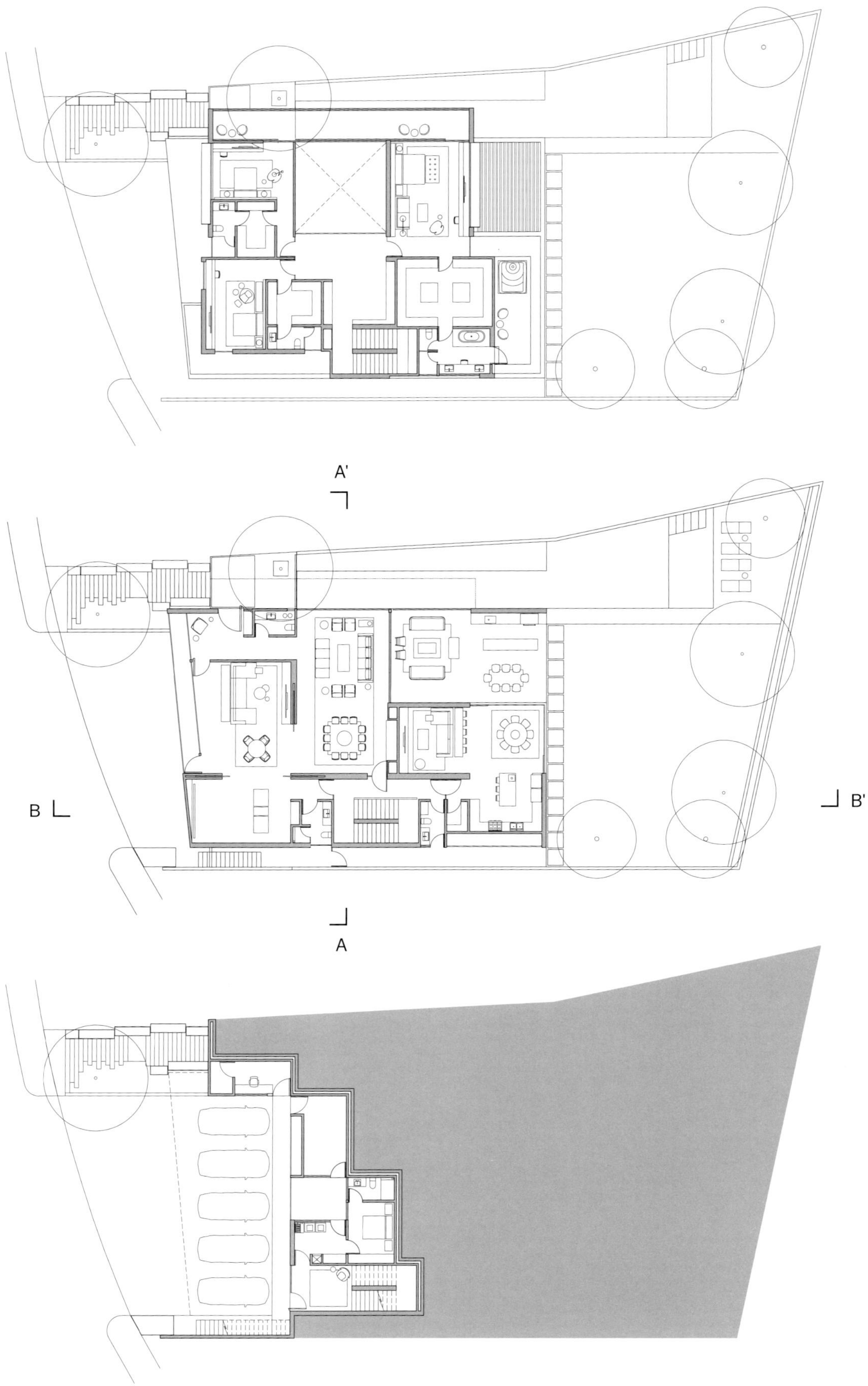

0 2 10

Planta nivel 2 / Level 2 plan
Planta nivel 1 / Level 1 plan
Planta baja / Ground floor plan

PARK TOWERS

Park Towers

Ubicación / Location
San Pedro Garza García, Nuevo León

Tipología / Typology
Vertical / High-rise

Estatus / Status
Proyecto / Project

Área / Area
63,250 m² / 680,817 ft²

Park Towers es un proyecto de usos mixtos ubicado en la zona de Valle Oriente, en el municipio de San Pedro. Cuenta con más de 500 departamentos, en diferentes tipologías que van desde los 65 hasta los 150 m², así como áreas de oficinas y comerciales.

El complejo cuenta con una primera etapa en la cual se eleva un volumen horizontal de diez niveles para vivienda, oficinas y comercio. Éste se complementa con una torre exclusivamente residencial de 30 niveles. Entre las amenidades principales del proyecto se encuentra un gran parque situado sobre el estacionamiento, el cual cuenta con alberca, amplios jardines y un área para juegos infantiles. Por otra parte, en este mismo nivel hay áreas sociales tanto interiores como exteriores, un gimnasio y salón de eventos.

El tratamiento de las fachadas es un sistema ventilado a base de paneles fenólicos en acabado metalizado color bronce, con vidrios de baja emisividad de una tonalidad similar. La geometría de los volúmenes se basa en un juego de bloques de diversas alturas, culminando con una torre creada a partir de cuatro bloques ligeramente desfasados. Por otra parte, la composición de las ventanas busca enfatizar la verticalidad de todo el conjunto.

Park Towers is a mixed-use development in the Valle Oriente area, in the San Pedro municipality. The project consists of 500 apartments, ranging in size from 700 ft² to 1,615 ft², as well as offices and retail units.

The first phase of the complex consists of a horizontal, 10-story volume for housing, office, and stores. In addition, there is an exclusively residential, 30-story tower. As one of the project's main features, a large garden above the car park includes a swimming pool, ample green spaces, and a children's playground. Indoor and outdoor social spaces are located on this same level, along with a gym and an events room.

The ventilated façade uses a cladding of phenolic panels with a metallic bronze finish, combined with low emissivity glass of a similar hue. The volumes' geometry is based on a series of blocks of varying heights, culminating in a tower created out of four slightly staggered blocks. The placement of the window openings emphasizes the verticality of the entire complex.

2020

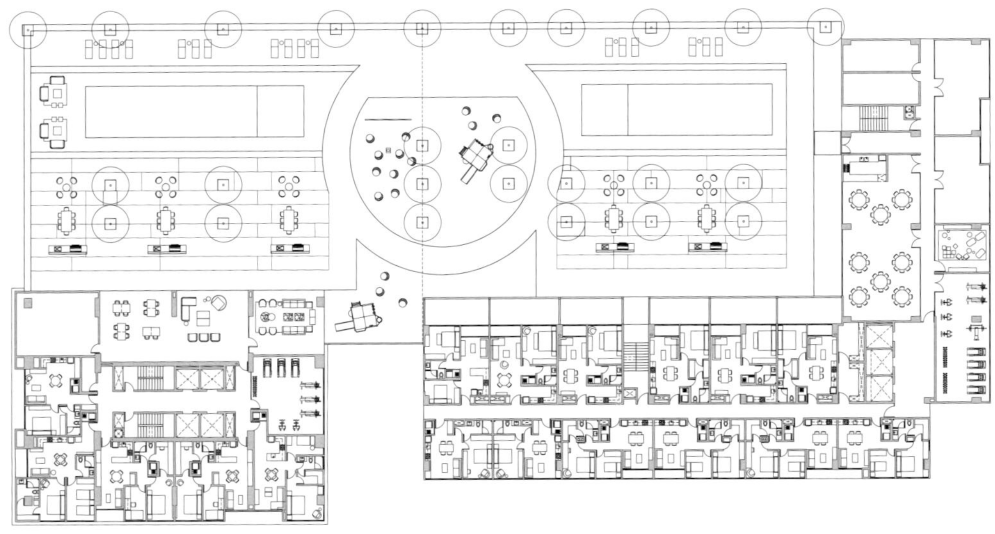

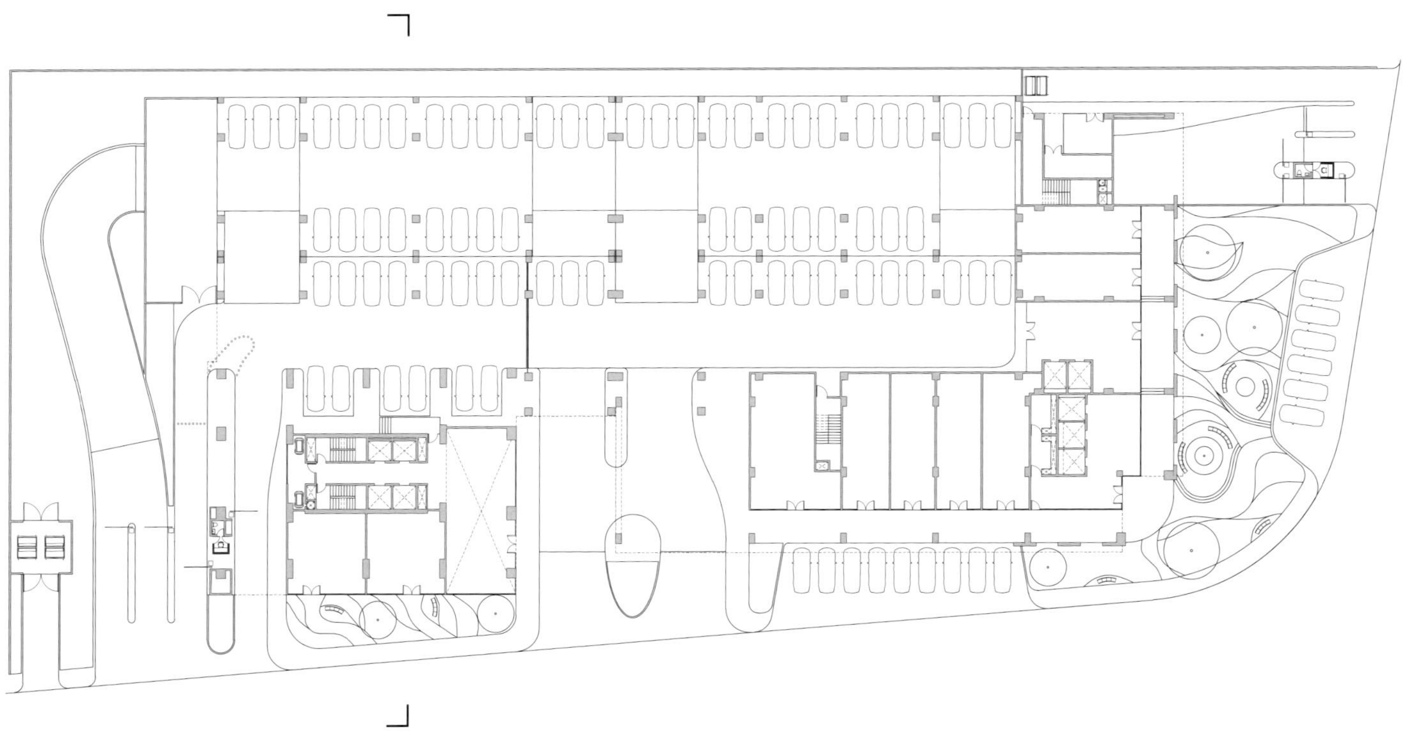

Planta de amenidades / Amenities plan
Planta baja / Ground floor plan

PARK TOWERS

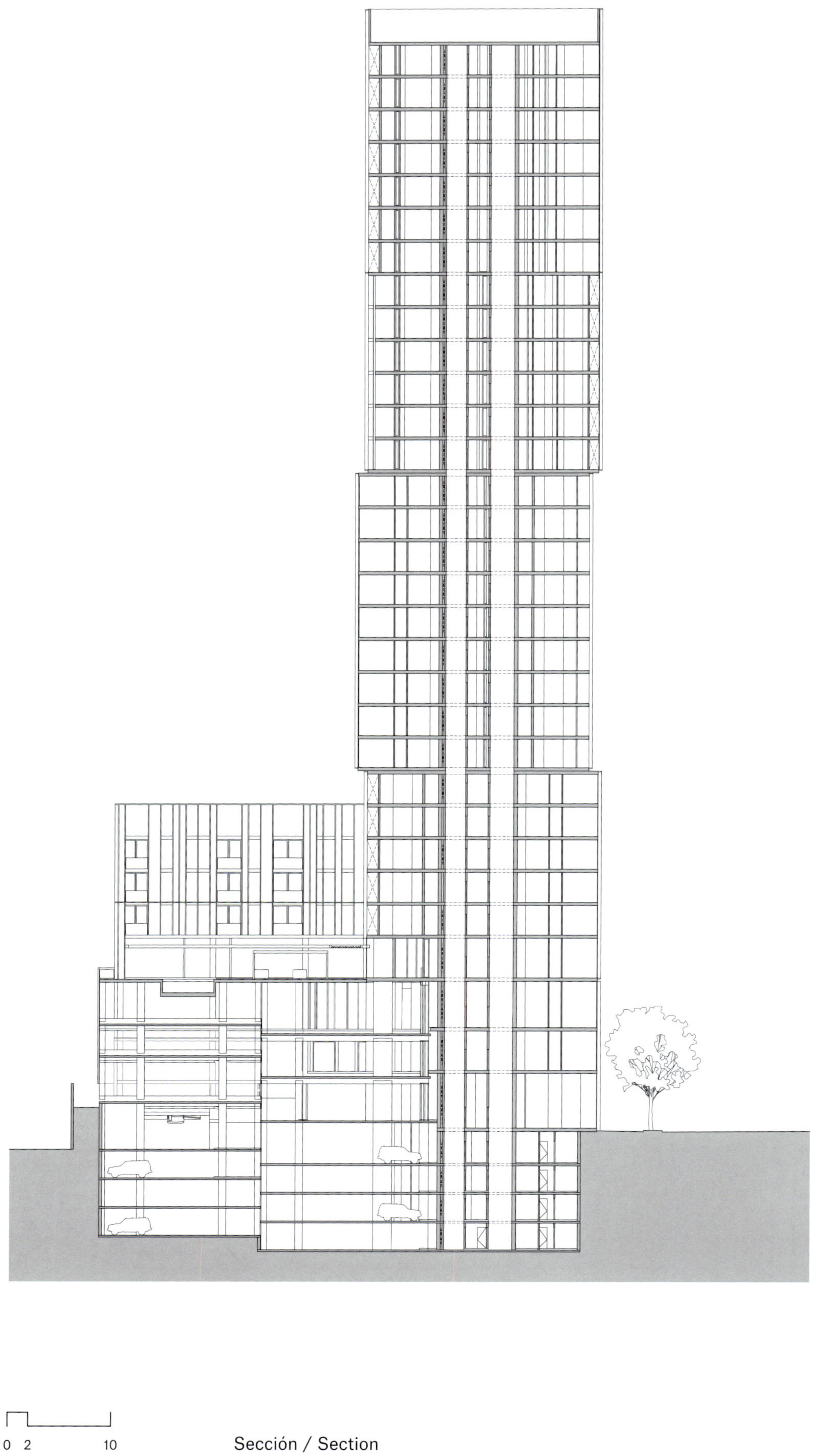

Sección / Section

PARK TOWERS

TORRE LUZ

Torre Luz

Ubicación / Location
Monterrey, Nuevo León

Tipología / Typology
Vertical / High-rise

Estatus / Status
Construido / Built

Área / Area
25,200 m² / 271,250 ft²

Fotografía / Photography
Jorge Taboada, José Carlos Campero

Torre Luz es un proyecto de usos mixtos que consta de 172 departamentos con tres niveles de área comercial y amenidades. Está ubicado en la ciudad de Monterrey, sobre la Avenida Ruiz Cortines y a dos cuadras de la Avenida Gonzalitos, en una zona de fácil acceso.

El programa de la torre está formado por un basamento comercial de concreto aparente y un estacionamiento estructurado y cerrado con *louvers* de aluminio. Sobre dicho volumen se levanta una torre de distintas alturas que resalta este elemento arquitectónico. La composición de las fachadas se elaboró a partir de un juego en la disposición de las ventanas, las cuales cuentan con cancelería oculta para lograr una fachada con más limpieza visual.

El edificio utiliza una paleta monocromática que refuerza su presencia urbana y su atemporalidad. El proyecto se resolvió en un esquema de 12 departamentos por planta, en el que coexisten siete tipos de unidades que van desde los 45 m² hasta los 98 m², con diferentes tipologías de una o dos recámaras. El proyecto cuenta con diversas áreas comunes, entre ellas un área de asadores, un salón de eventos para 40 personas, salas de juego y un área verde para niños.

El resultado es una torre de 19 niveles, de los cuales los primeros cinco son para locales comerciales y estacionamiento, además de un sótano de estacionamiento comercial y de visitas. A partir del nivel 6 y hasta el 19 se ubican los diferentes tipos de unidades de vivienda.

Torre Luz is a mixed-use, 172-apartment complex with three levels of stores and amenities in an easily accessible part the city of Monterrey, on Avenida Ruiz Cortines and two blocks from Avenida Gonzalitos.

A ground-floor retail space has an exposed concrete finish and structured parking enclosed with aluminum louvers. On top of this volume sits a tower with different heights, adding highlights to this architectural element. The arrangement of the window openings defines the façades' design, with hidden framing to create a cleaner look.

The building's monochrome finish creates a striking urban presence and timeless quality. The units' typologies vary, with one or two bedrooms and ranging in size from 484 ft² to 1,055 ft², with 12 apartments per floor. The project has various communal zones, including a grill area, a 40-person events hall, games room, and green space for children.

The result is a 19-story tower, with the five lower levels for stores and parking, and a basement with additional underground parking for shoppers and visitors. The residential units are located between the sixth and nineteenth floors.

2020

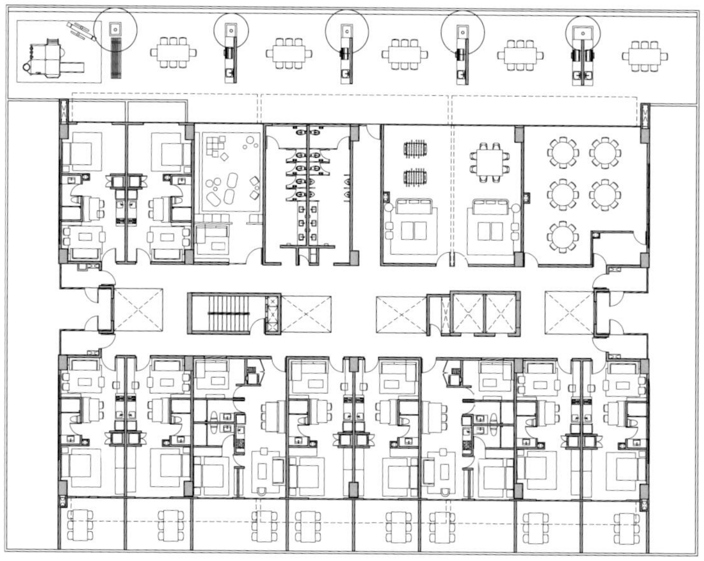

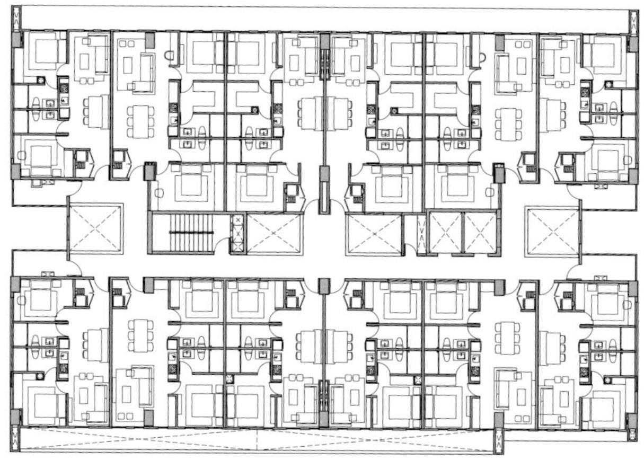

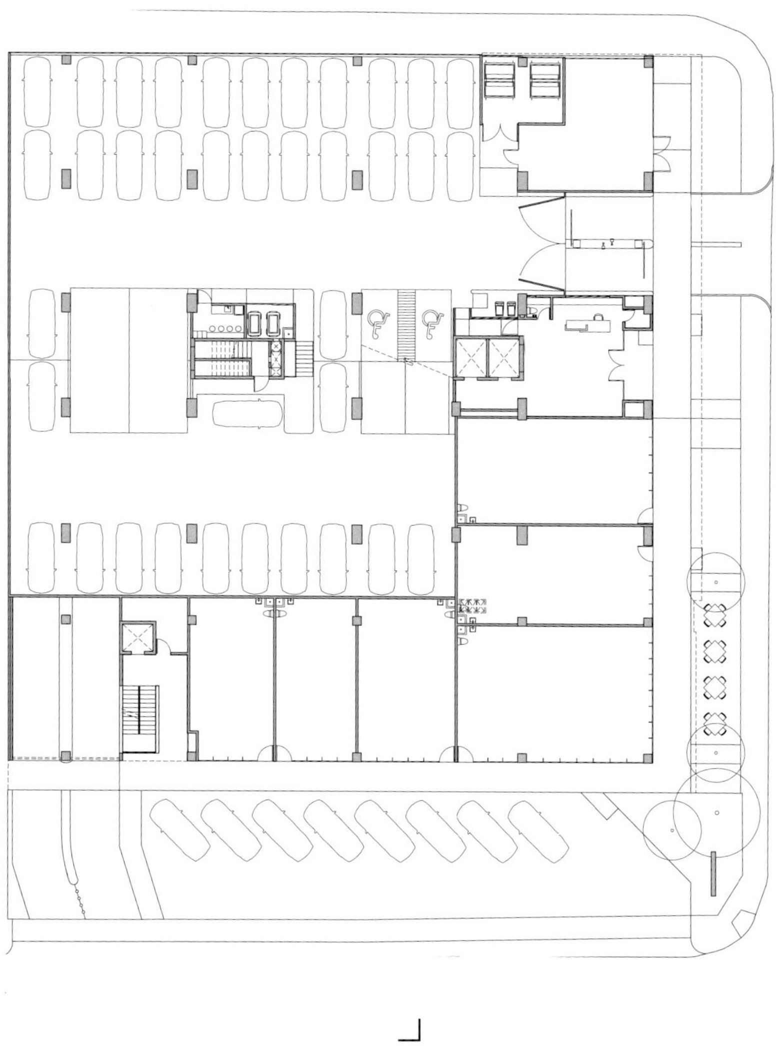

Planta nivel 5 / Level 5 plan
Planta baja / Ground floor plan

Planta nivel 7 / Level 7 plan

0 2 10

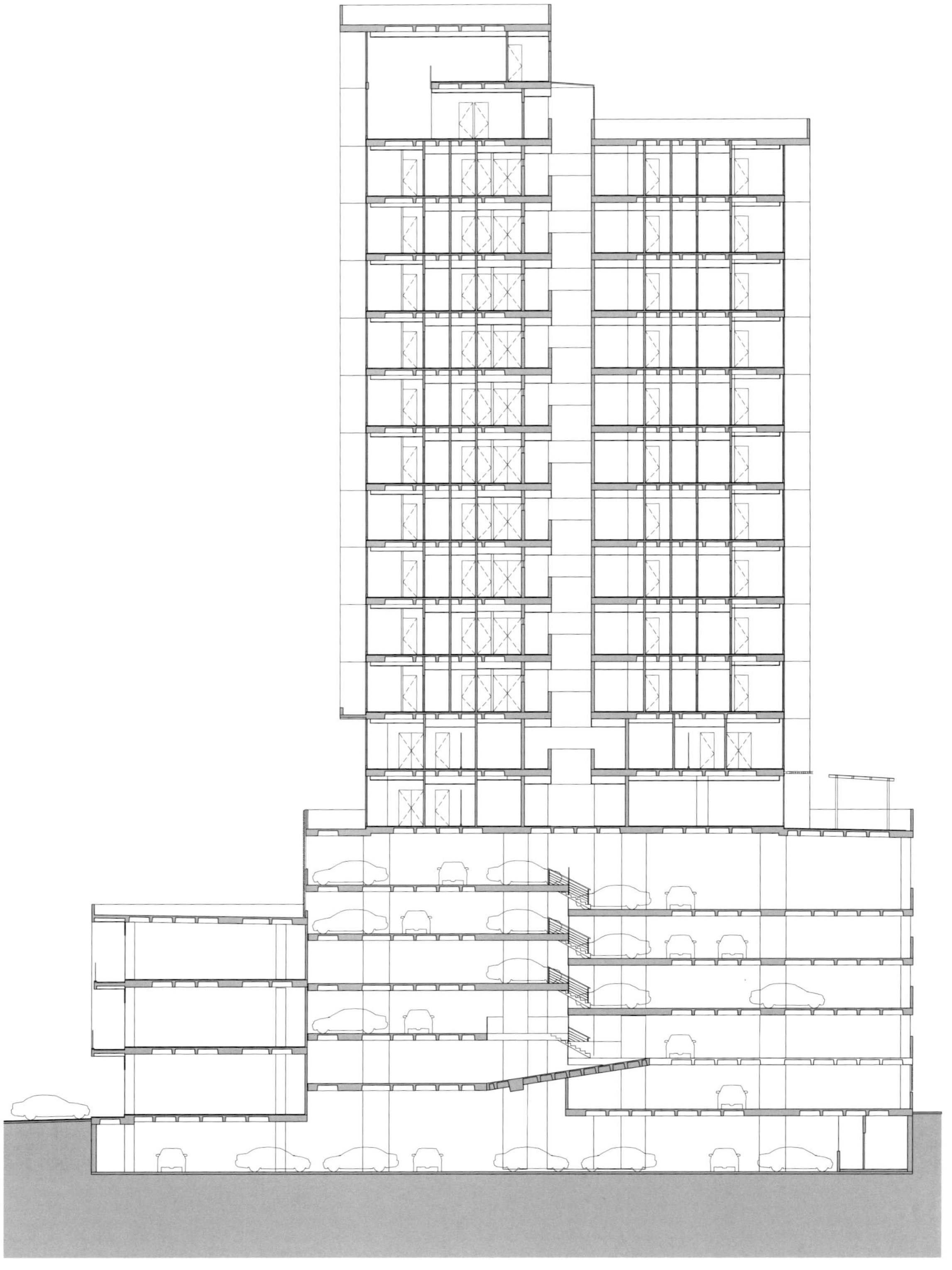

Sección / Section

Casa PG

Ubicación / Location
San Pedro Garza García, Nuevo León

Tipología / Typology
Residencial / Residential

Estatus / Status
Construido / Built

Área / Area
1,288 m² / 13,863 ft²

Fotografía / Photography
Jorge Taboada

En un terreno accidentado, con vistas privilegiadas a la Sierra Madre y a la ciudad, GLR Arquitectos diseñó esta residencia con más de 3,000 m² de construcción. El proyecto consta de cuatro niveles en la casa principal y un departamento en la parte inferior del terreno, que se conecta a través de una losa-jardín. Con el terreno descendiendo desde la calle principal, la residencia se desarrolla entrando por la parte superior y bajando cuatro niveles.

La casa principal está compuesta por volúmenes desfasados que crean terrazas y volados en la fachada posterior que da al jardín. El acceso se encuentra rodeado de vegetación. Al ingresar, se debe subir medio nivel desde la calle para cruzar un puente que lleva al recibidor principal. Una celosía metálica en dicho puente deja entrever un jardín, y al fondo el área social. La planta superior de la casa es más pequeña que el resto ya que únicamente se encuentran el recibidor, un baño de visitas y un estudio. Este recibidor funciona como un *mezzanine*, desde el que se pueden apreciar la sala y el comedor de la casa, los cuales a su vez se alojan en un espacio de doble altura y grandes ventanales, con vistas al jardín del acceso, por un lado, y a las montañas y la ciudad por al otro. Este espacio se conecta directamente con una terraza que abarca toda la fachada posterior. La cocina, que se encuentra en este mismo nivel, tiene vista hacia esta terraza.

Por último, en el nivel inferior, encontramos las áreas sociales informales. Una sala de televisión, un bar, un gimnasio y un cuarto de juegos conviven en este nivel al interior de la casa. Desde el jardín dominan las vistas hacia las montañas. Desde ahí también se puede apreciar la fachada posterior de la casa en su totalidad: una volumetría imponente recubierta de mármol y paneles de madera sintética.

GLR Arquitectos designed this residence with a built area of more than 32,000 ft² on a steeply sloping site, with spectacular views of the Sierra Madre and the city. The project has a total of four stories in the main house, in addition to an apartment at the bottom of the site. A cantilevered garden connects the two. With the plot sloping down from the main street, the residence is entered from the upper stories and then descends four levels.

The main house has staggered volumes that create terraces and cantilevers on the rear façade overlooking the garden. The entrance is surrounded by vegetation, and a half step up from grade crosses a bridge that leads to the main lobby. The garden and the back of the family area can be glimpsed through a screen of metal bars on this bridge. The residence's upper story is smaller than the others, since it only contains the lobby, visitor's bathroom, and study. This reception area acts as a mezzanine, which looks over the living and dining rooms—a double-height space with picture windows affording views of the front garden, on one side, and of the mountains and the city on the other. This space connects directly to a terrace that encompasses the entire rear façade. On this same level, the kitchen overlooks this terrace.

Finally, on the lower level, the informal social areas include a TV lounge, bar, gym, games room. The garden is dominated by its mountain views, and also offers a perspective onto the house's entire rear façade: an imposing volume clad in marble and engineered wood panels.

2020

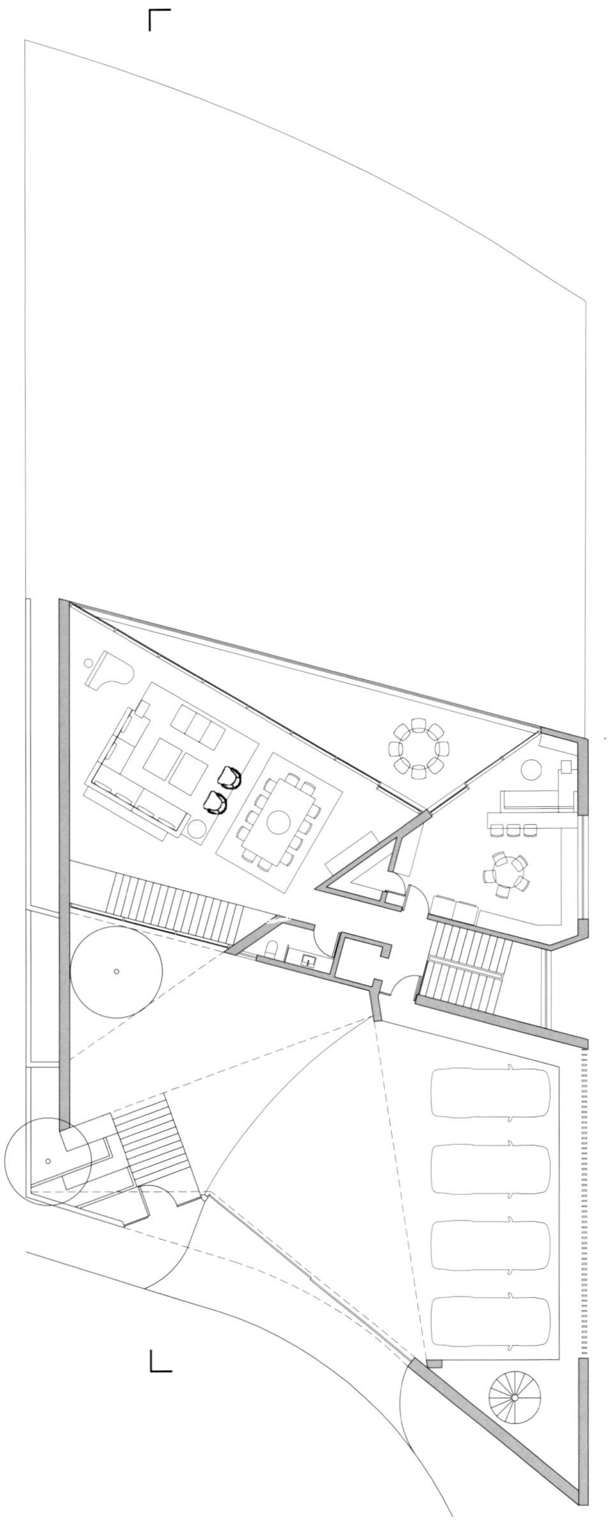

Planta baja / Ground floor plan

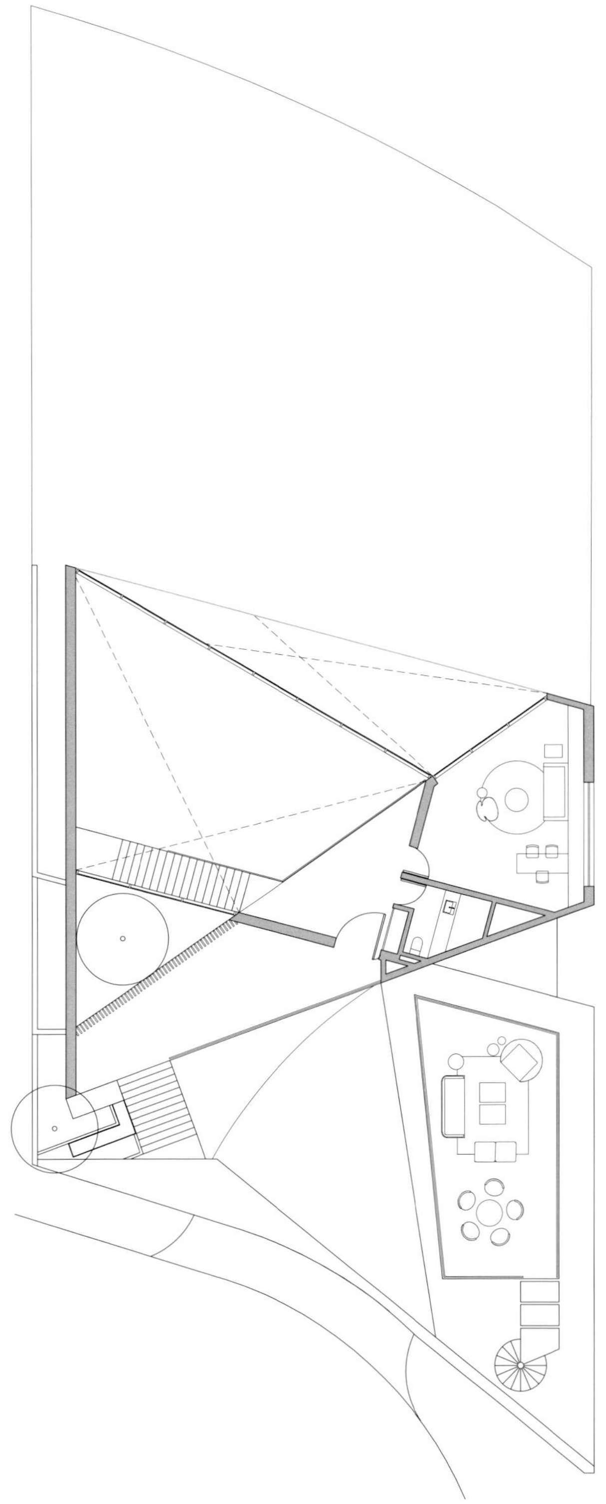

Planta alta / Upper floor plan

0 1 5

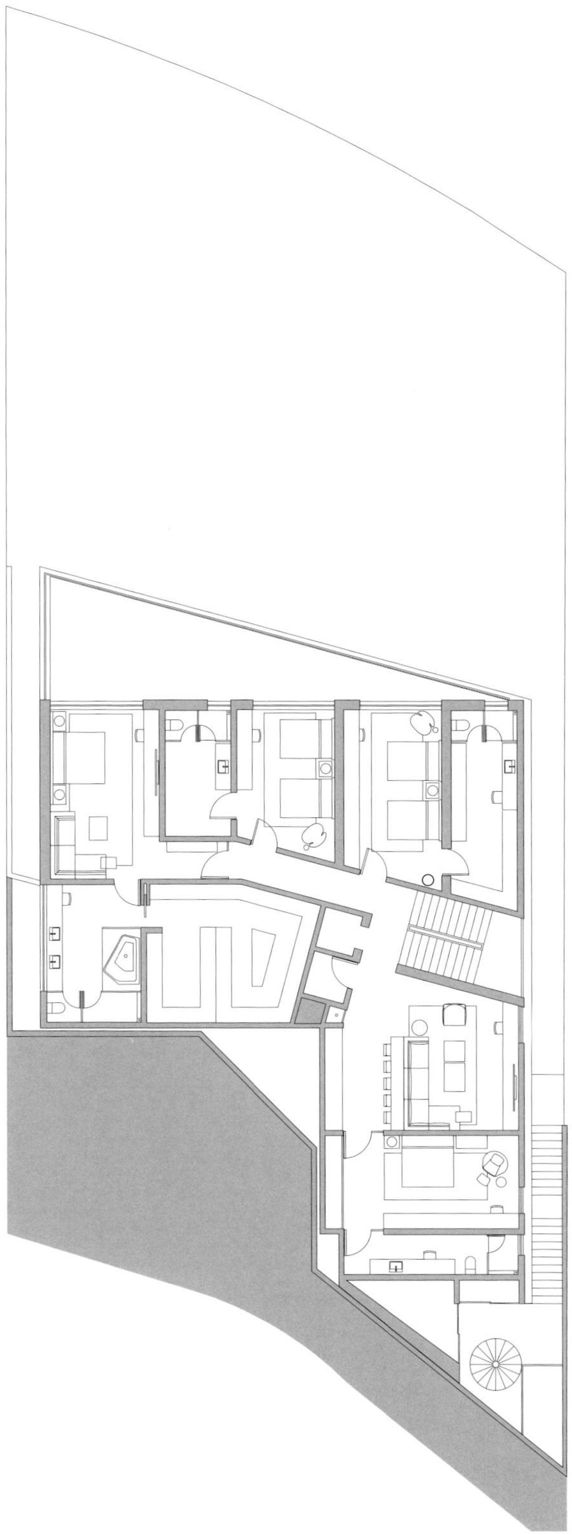

Planta nivel -1 / Level -1 plan

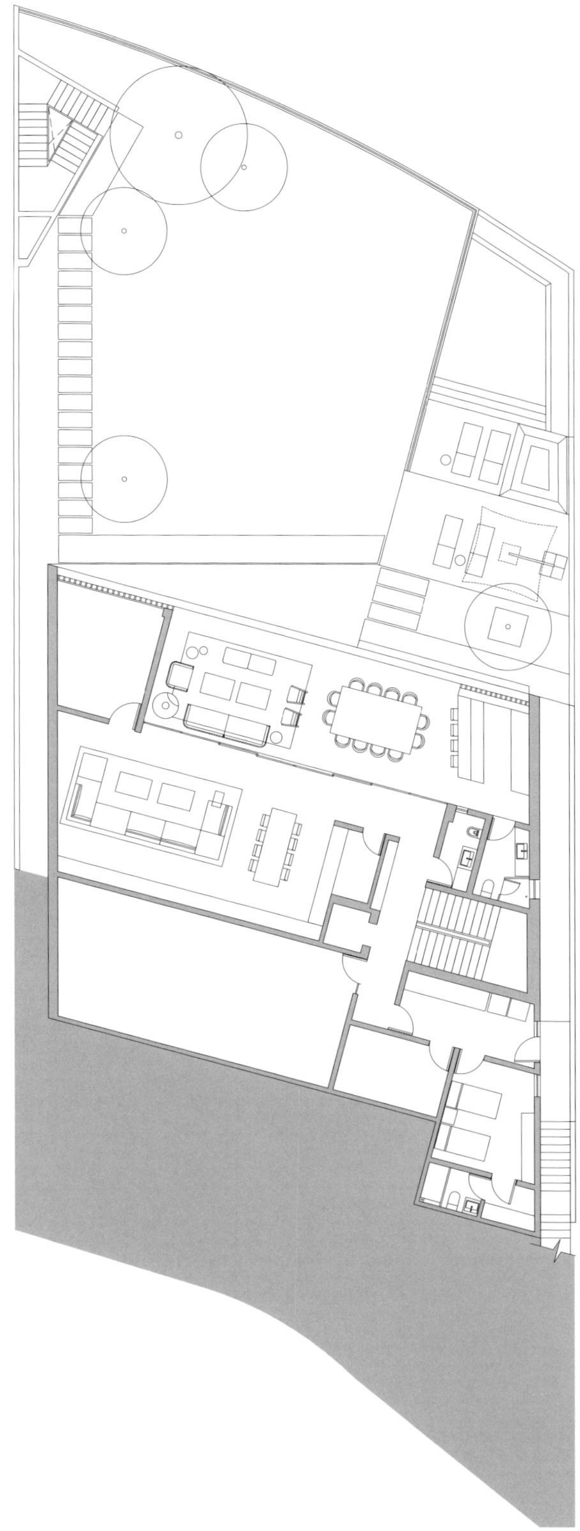

Planta nivel -2 / Level -2 plan

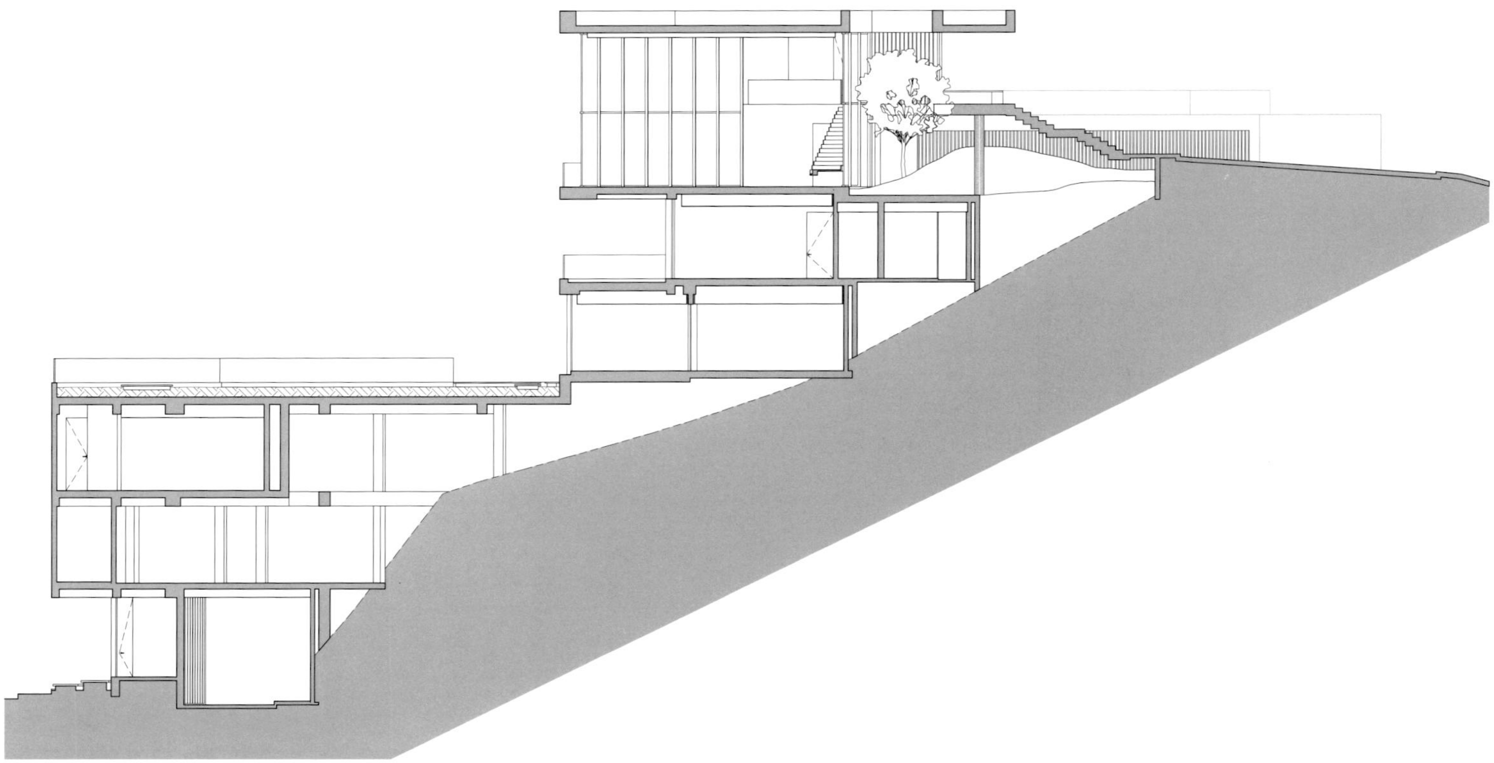

Sección / Section

Casa DC

Ubicación / Location
San Pedro Garza García, Nuevo León

Tipología / Typology
Residencial / Residential

Estatus / Status
Construido / Built

Área / Area
770 m² / 8,288 ft²

Fotografía / Photography
Jorge Taboada

Esta residencia está ubicada entre montañas, en un terreno descendente con una pendiente muy pronunciada. Los tres niveles de la casa se escalonan y, en el nivel inferior, se construyó una losa-jardín, donde se encuentran parte del jardín y la alberca sobre el terreno natural. La entrada de la casa se encuentra en la parte más alta del terreno. En este nivel están el área social de la casa y la cocina. Un nivel abajo se encuentra el área privada que alberga las recámaras, un gimnasio y una estancia familiar. Finalmente, en el nivel inferior están el área de servicio, una sala, un estudio y la terraza exterior, que incluye otra sala y el área del asador, así como el jardín y la alberca.

El núcleo de la casa es una escalera escultórica iluminada por un gran tragaluz circular y delimitada por medio de celosías fabricadas con una combinación de madera y metal que dejan entrever los espacios contiguos. Para los acabados de la casa se utilizaron materiales sobrios que le dan un carácter elegante y refinado. Las fachadas están recubiertas de mármol Crema Lisboa, con detalles de *deck* sintético en plafones y algunos muros de la fachada posterior. En el interior, predominan las carpinterías de nogal y aplanados blancos.

This residence is inserted between mountains on a steeply sloping plot. With three staggered levels, a cantilevered garden, used for part of the garden and the swimming pool on the natural terrain. The house entrance is at the highest part of the property. This level contains the house and kitchen. One level down is the private area that contains the family area: bedrooms, gym, and family lounge. Finally, the lower level has the services area, a living room, study and outdoor terrace, which includes another living area and space for outdoor grills, as well as the garden and swimming pool.

In the core of the house, a sculptural staircase is lit by a large, circular skylight and flanked by a wood-and-metal screen structure that allows glimpses of the adjacent spaces. The materials palette for the finishes creates an elegant, refined look. The façades are clad in Crema Lisboa marble, with engineered wood ceiling panels and some walls of the rear façade. Walnut and white plastering are the main interior finishes.

2020

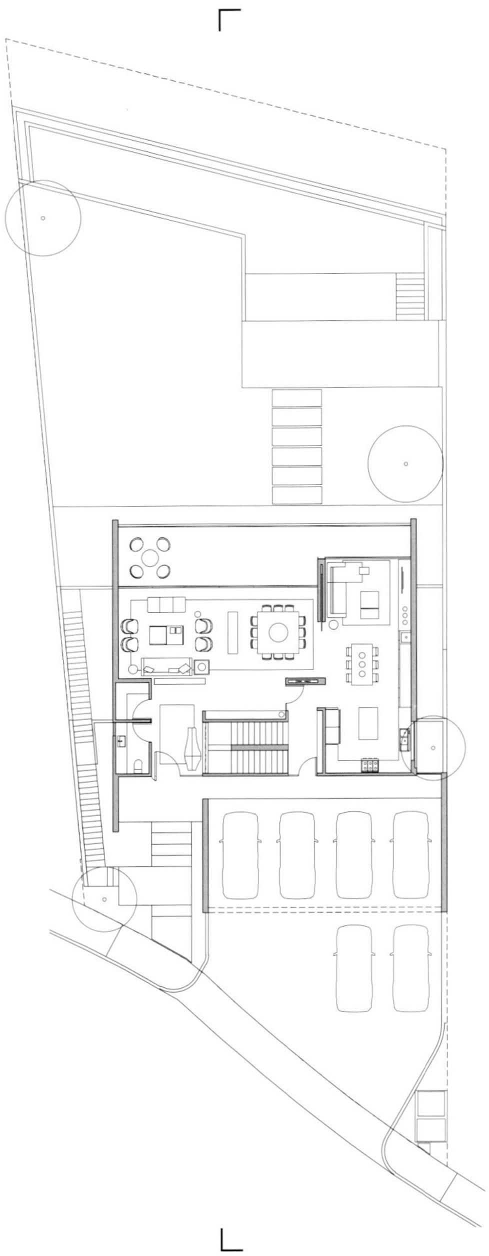

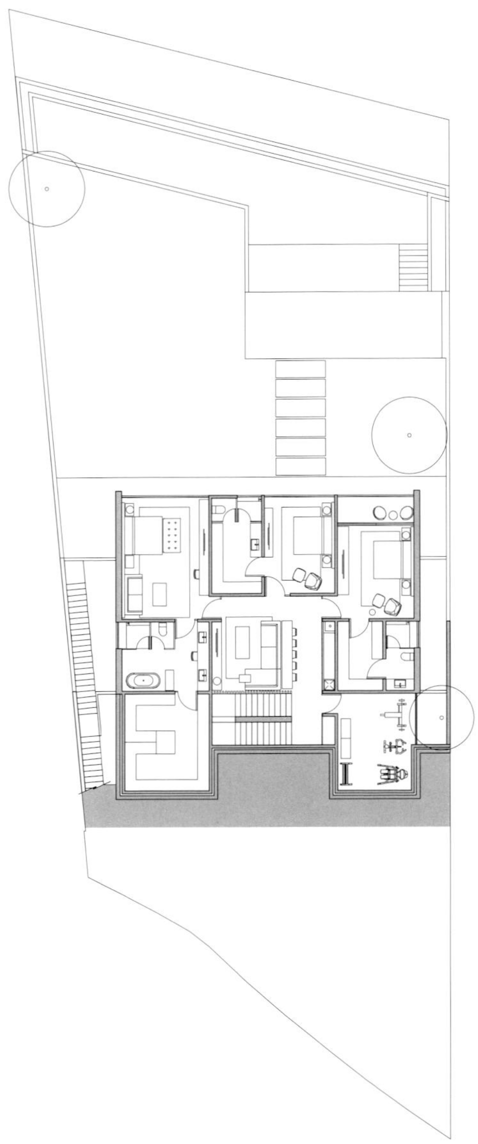

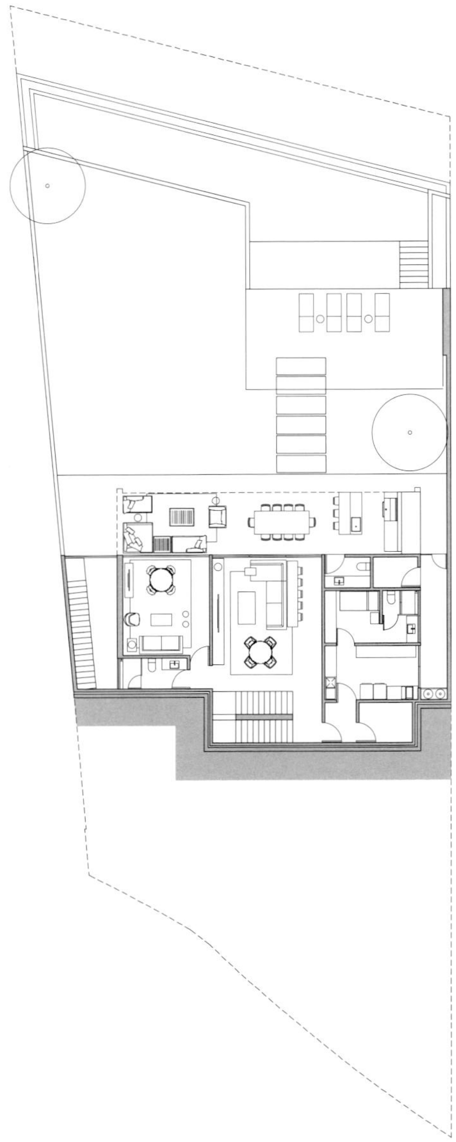

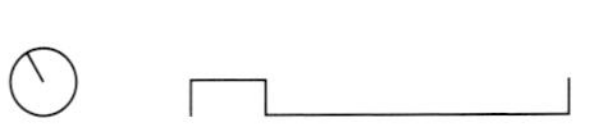

0 2 10

Planta baja / Ground floor plan

Planta nivel -1 / Level -1 plan

Planta nivel -2 / Level -2 plan

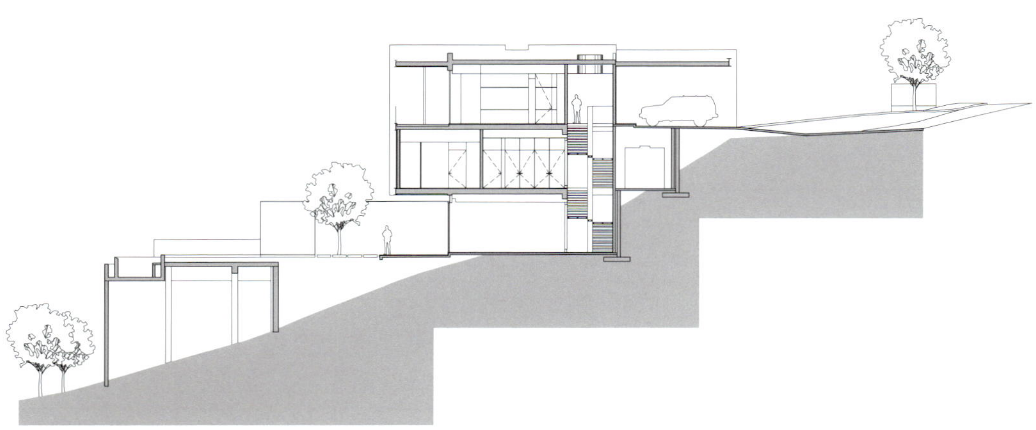

0 2 10

Sección / Section

Casa Terra

Ubicación / Location
San Pedro Garza García, Nuevo León

Tipología / Typology
Residencial / Residential

Estatus / Status
Construido / Built

Área / Area
658 m² / 7,082 ft²

Paisajismo / Landscape design
Virginia Guerra

Fotografía / Photography
The Raws, José Carlos Campero

La premisa central de Casa Terra fue diseñar la casa más acogedora que GLR Arquitectos hubiera hecho jamás. El respeto a la vegetación existente fue fundamental para lograrlo, así como la paleta de materiales, compuesta por duelas de ingeniería de tonalidades grises cálidas, maderas de encino lineal, mármol Santo Tomás alistonado en las fachadas y mármol Travertino Silver en pisos interiores. El color de la casa hace alusión a su nombre, ya que está conectada con los materiales naturales y las hermosas montañas que la rodean.

En la fachada principal, la planta baja funciona como basamento para los bloques extruidos en la planta alta que, a su vez, forman dos volados de diferentes profundidades. Remetidas en medio de estos dos bloques, unas tiras verticales de madera forman una celosía que parece emerger de la vegetación del jardín en la fachada principal y que llega hasta la parte superior de la casa. A pesar de no tener un jardín plano, el patio posterior es un área con vegetación abundante donde, gracias a los volados formados por la planta alta, se crea una zona fresca y de gran serenidad.

En la planta alta hay un desnivel entre la recámara principal y el resto de las áreas privadas, a fin de conseguir mayor altura en el área social. A la estancia familiar se accede por una pequeña escalera formada por bloques de madera y mármol. Dicha estancia tiene acceso directo a una terraza atravesada por un árbol que emerge desde el patio.

Casa Terra fue el primer premio del Sorteo 211 del Tecnológico de Monterrey.

For Casa Terra, the core design premise was to build GLR Arquitectos' coziest home ever; we respected the existing vegetation and used engineered wood floors in warm gray tones, oak, combining slatted Santo Tomás veined marble with Silver Travertine marble for the interior flooring. The house's color is reflected in its name, which alludes to natural materials and the beauty of the surrounding mountains.

At the front of the residence, the ground floor provides a base for the top floor's extruded blocks, which in turn form two cantilevers of differing depths. Separating these two structures, vertical wooden bars appear to emerge from the vegetation below in the front garden, creating a screen that extends to the top of the house. Rather than a flat garden, the rear is lushly planted, and this area is shaded by the cantilevered upper structures to create a fresh, serene space.

The master bedroom is on a different level to the rest of the private rooms in order to create higher ceilings in the public areas. A small wood and marble staircase leads to the family lounge, which connects directly to a terrace intersected by a tree growing from the courtyard.

Casa Terra was offered as the first prize in the Tecnológico de Monterrey's lottery.

2021

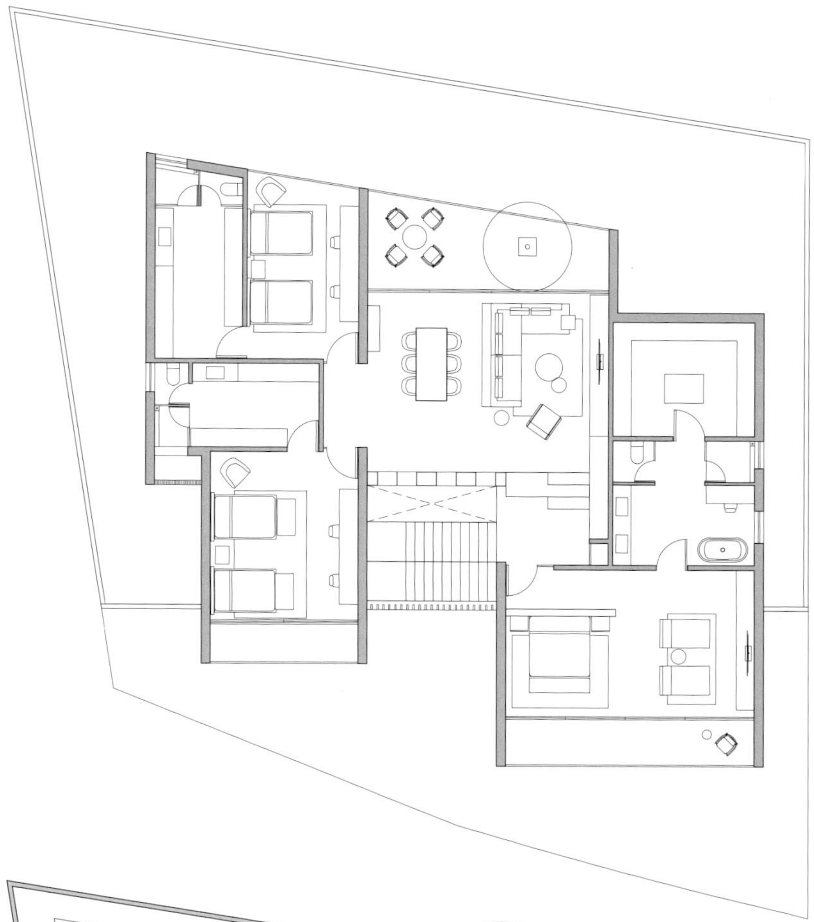

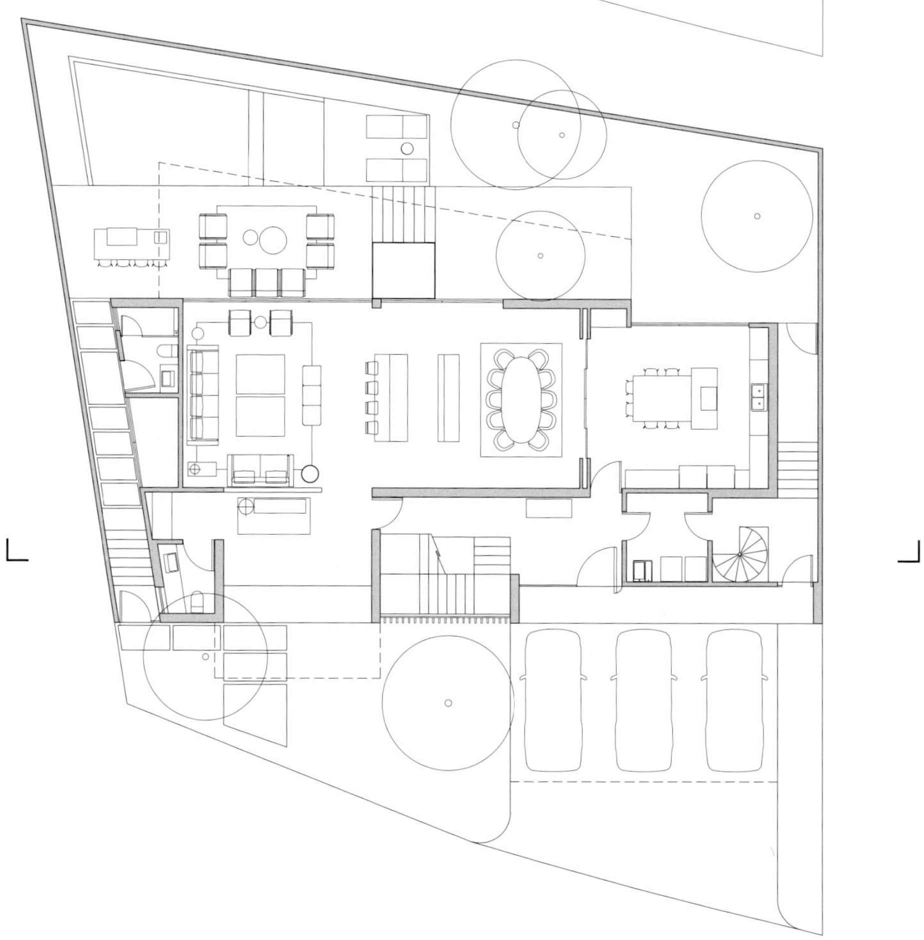

Planta alta / Upper floor plan
Planta baja / Ground floor plan

0 1 5

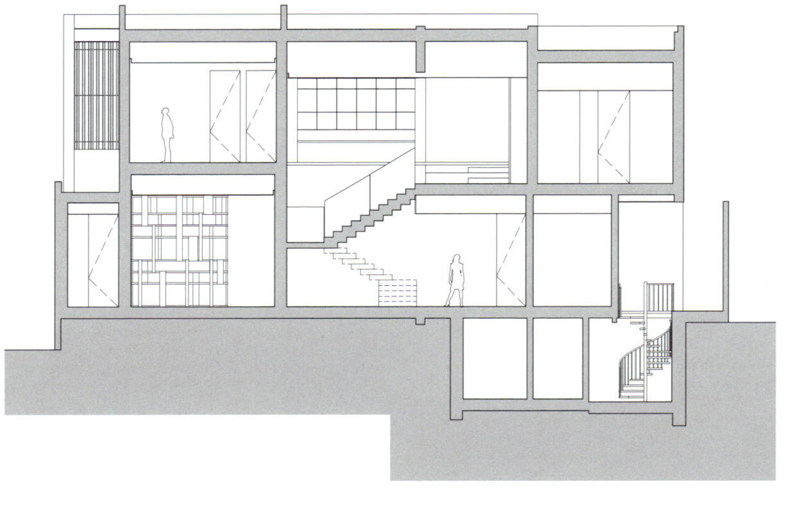

0 1 5

Sección / Section

GALAXY
coffeeparadise
MOBILE
newstyle
GALAXY COFFEE
trend & style
FASHION
ViaVita

Via Vita

Ubicación / Location
Hermosillo, Sonora

Tipología / Typology
Vertical / High-rise

Estatus / Status
Proyecto / Project

Área / Area
26,989 m² / 290,507 ft²

A punto de iniciar construcción, Via Vita estará ubicado en la ciudad de Hermosillo, Sonora. Este edificio de usos mixtos tendrá una orientación que considera el clima cálido de la región, por lo que contará con fachadas ventiladas en las caras oriente y poniente.

Su forma parte de tres volúmenes que se dividen por grandes marcos envolventes. El volumen más pequeño rompe con el patrón del resto de las torres con una terraza que se extiende por toda la planta y se une con una parte de su marco. Cada volumen cuenta con su propio núcleo de elevadores y escaleras a los que se puede acceder desde el estacionamiento y el *lobby* principal. Las escaleras cuentan con *louvers* de aluminio para ventilarse naturalmente, mismos que enriquecen el carácter de la fachada. Cada núcleo cuenta con sólo dos departamentos, por lo que existe una gran exclusividad y privacidad en todas las unidades. Las habitaciones están orientadas al norte, con vistas a la ciudad, mientras que las áreas sociales se encuentran orientadas al sur, con espectaculares vistas hacia el club de golf Los Lagos.

Debido a la cercanía al club, se decidió crear un bloque de estacionamiento que funcionara como basamento de la torre y sobre éste ubicar las amenidades, de tal forma que se pudieran aprovechar las vistas al campo de golf. En esta área exterior se encuentra una alberca con efecto infinito. También cuenta con un área de niños, un *pet park* y terrazas con asadores para fomentar la convivencia entre los usuarios. Por último, en el interior del edificio se cuenta con una casa club, dos salones de juego, un *business center*, un salón de eventos, una ludoteca y un gimnasio.

Construction is about to begin on the Via Vita tower in Hermosillo, capital of the state of Sonora. This hot local climate will determine the orientation of this mixed-use building, which is to be equipped with ventilated façades on its east and west sides.

Large frames around the three volumes define the project's form. The smallest volume breaks the pattern of the other towers with a terrace that crosses the entire floor and connects with a section of its frame. Each volume has its own elevator and staircase core, accessible from the car park and main lobby. The staircases' aluminum louvers create natural ventilation, and add further character to the façade. Each core has just two apartments, enhancing the privacy and exclusivity for each unit. The bedrooms face north—toward the city—while the social areas are on the south-facing side, with spectacular views onto the Los Lagos golf club.

Given the club's close proximity, a car park acts as the tower's base and with stores above, in order to maximize views onto the golf course. This outdoor area includes an infinity swimming pool. A children's playground, pet park, and terraces with grills will help foster a sense of community among residents. The building also contains a club house, two games rooms, business center, events hall, games library, and gym.

2021

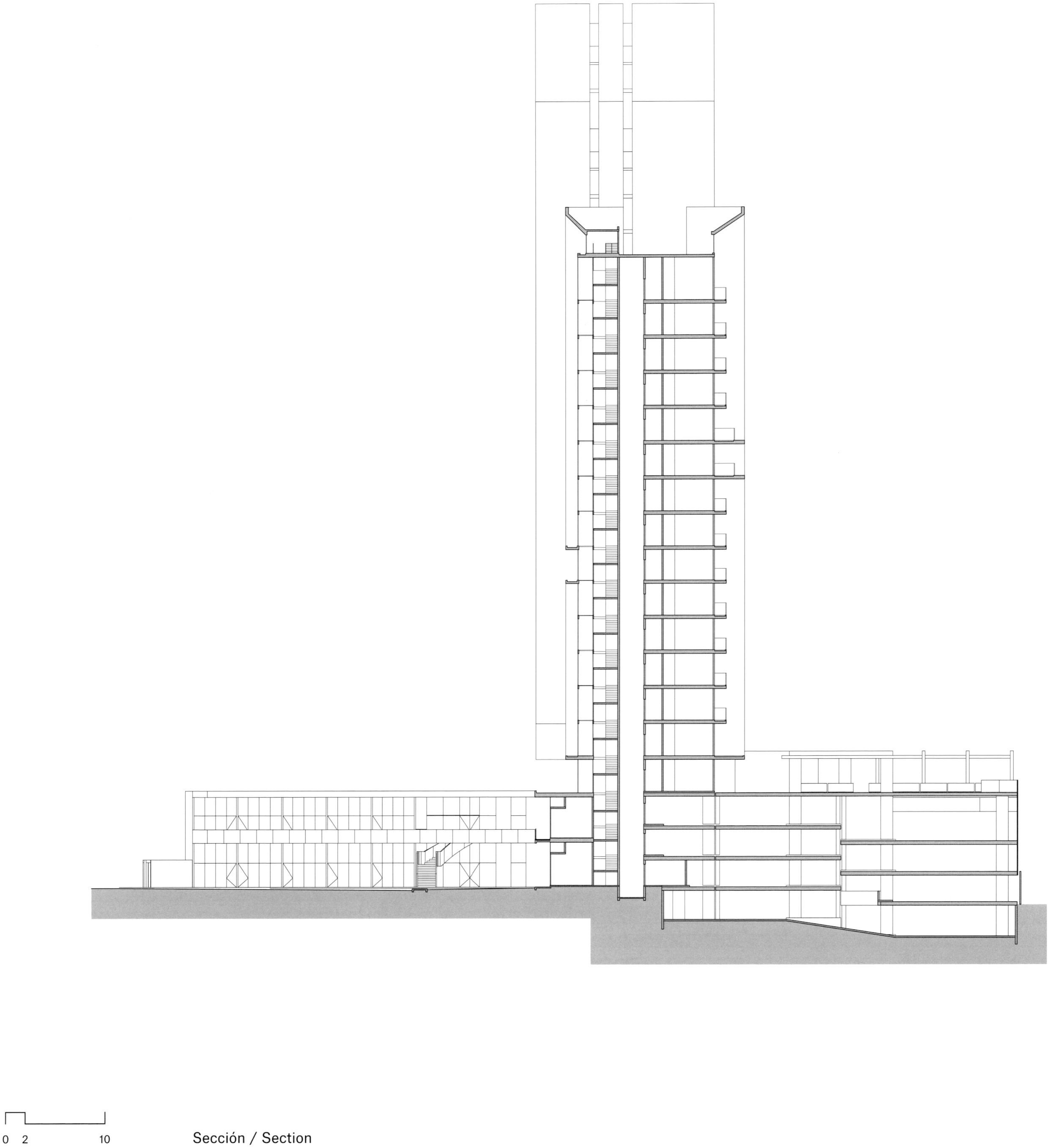

Sección / Section

trend & style
GALAXY
coffeeparadise
MOBILE
MOBILE
style
trend
FASHION

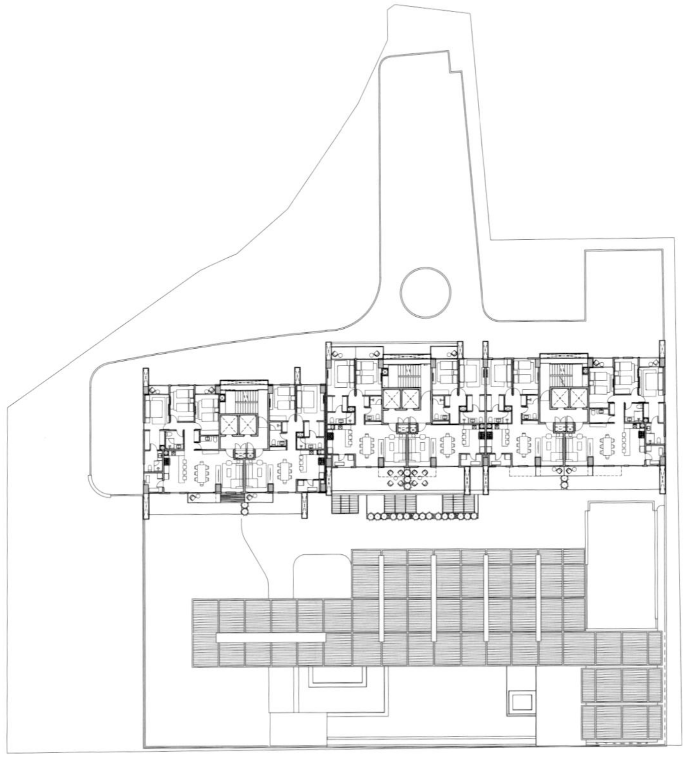

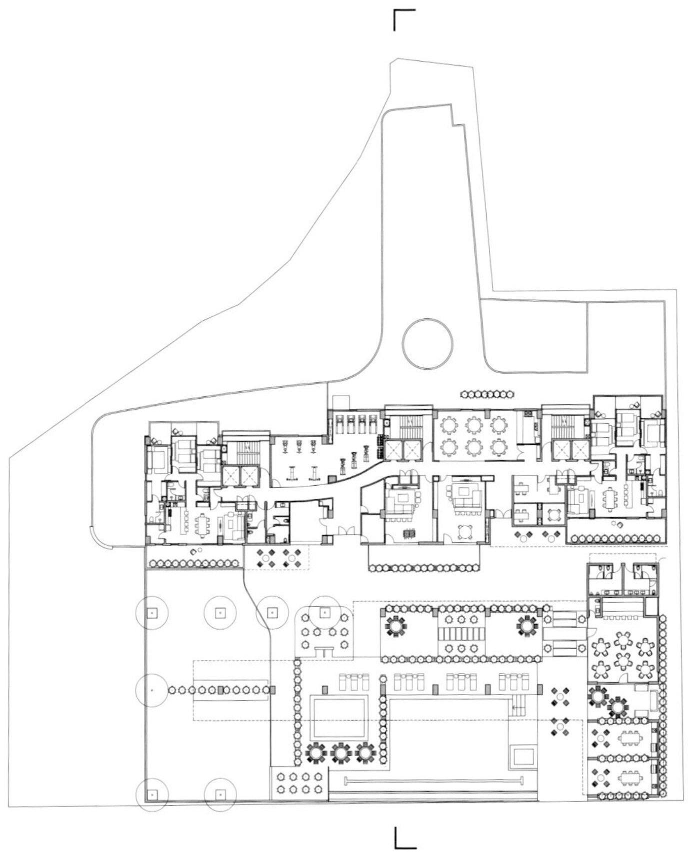

0 2 10

Planta nivel 6 / Level 6 plan
Planta nivel 4 / Level 4 plan

El Jonuco

Ubicación / Location
Santa Catarina, Nuevo León

Tipología / Typology
Residencial / Residential

Estatus / Status
Construido / Built

Área / Area
1,209 m² / 13,013 ft²

Paisajismo / Landscape design
Oswaldo Zurita

Fotografía / Photography
Jorge Taboada

Este proyecto residencial está ubicado en el fraccionamiento campestre conocido como El Jonuco, un hermoso y recóndito cañón a pocos minutos de la ciudad de Monterrey. El predio cuenta con un área de 4,000 m² y tiene unas vistas excepcionales de El Peñón, una espectacular formación rocosa hacia la cual se orientan todas las áreas de la casa.

El programa consiste en una residencia completa que incluye tres recámaras, sala formal, comedor, bar y cocina abierta, además de una amplia terraza con un *jacuzzi* y un asador para cocinar al aire libre. El proyecto se complementa con un departamento de 160 m² que cuenta con acceso independiente, y que también incluye tres recámaras, sus propias áreas sociales y servicios completos. Este departamento se integra al jardín principal por medio de grandes ventanales corredizos.

En el jardín principal se encuentra un fogatero, perfecto para la conversación y la convivencia familiar. Al final del jardín se encuentran dos pequeños búngalos para invitados, así como una pequeña capilla al aire libre pensada para la oración y el recogimiento o, incluso, para pequeñas celebraciones religiosas. Dicha capilla está totalmente integrada al entorno natural, el cual por su magnificencia le confiere un carácter aún más espiritual.

El proyecto de paisaje pretende restaurar la vegetación natural preexistente integrando diversas especies de pastos y arbustos comunes en estas áreas montañosas, respetando todos los pinos y buena parte de los cedros existentes en el predio, reforestando con variedades de encinos y otros árboles nativos. Los búngalos están totalmente cubiertos con vegetación, a fin de mimetizarlos con el paisaje y reducir su impacto visual en el entorno.

This residential project is located in a rural subdivision known as El Jonuco, a beautiful and secluded canyon just a few minutes' drive from the city of Monterrey. Built on a 43,000 ft² lot, every part of the residence offers breathtaking views of El Peñón, a spectacular rock formation.

A complete residence, Casa El Jonuco has three bedrooms, a formal living room, dining room, bar and open-plan kitchen, as well as a large terrace with a jacuzzi and outdoor grill for al fresco cooking. Complementing the main house, a 1,720 ft² apartment has its own independent entrance and three more bedrooms, along with its own social areas and full suite of services. Large sliding glass doors connect this apartment to the main garden.

The fire pit in the main garden is a focal point for entertaining and for family gatherings. At the far end of the garden, two small bungalows provide guest accommodation and a small outdoor chapel can be used for prayers, quiet meditation, or even small religious ceremonies. This chapel blends seamlessly into the natural surroundings, whose grandeur amplifies the spiritual quality of this sanctuary.

The landscaping design restores the existing natural vegetation by integrating various grasses and shrubs endemic to this mountainous region, respecting the pines and cedars, and reforesting with varieties of oak and other native trees. The bungalows are completely enveloped by vegetation to blend them into the landscape and reduce their visual impact on the surrounding area.

2022

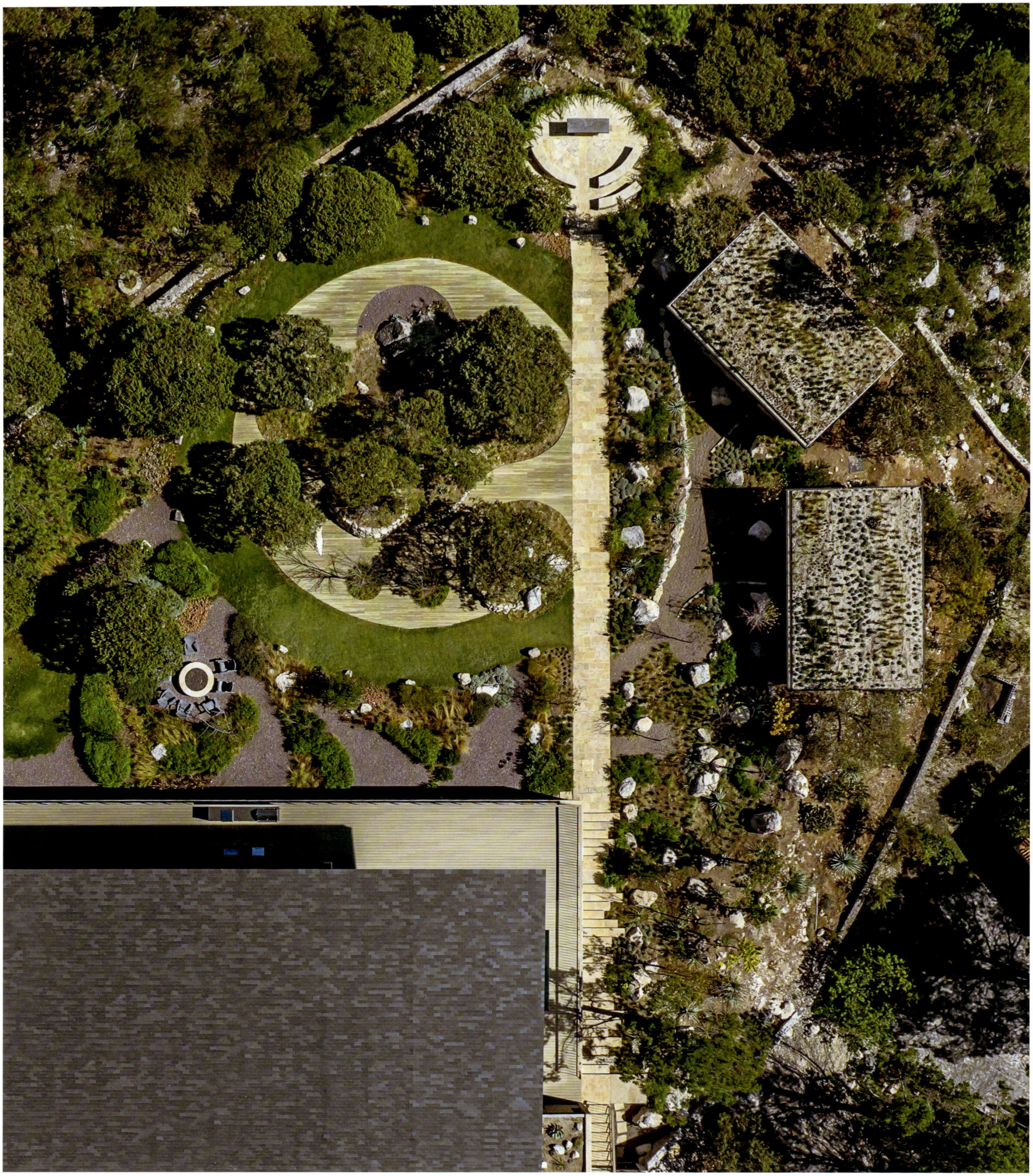

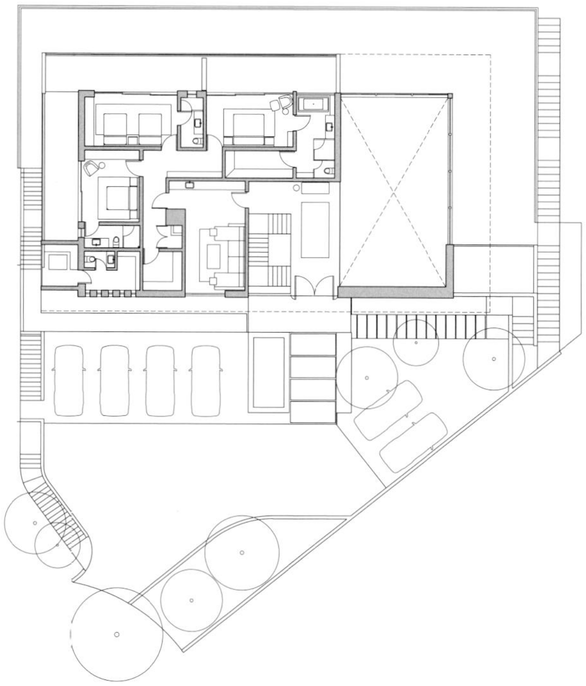

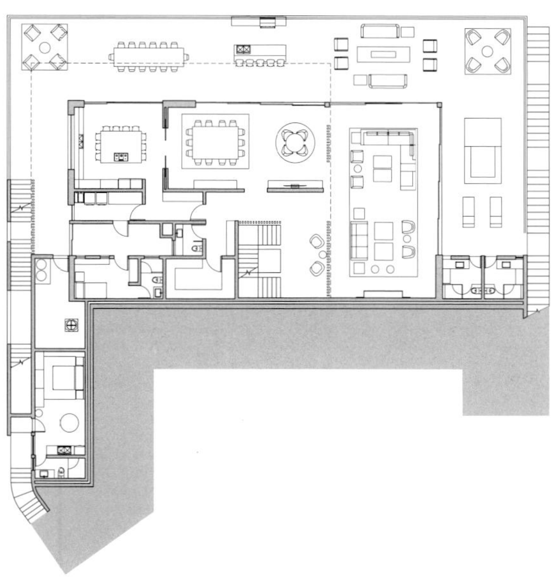

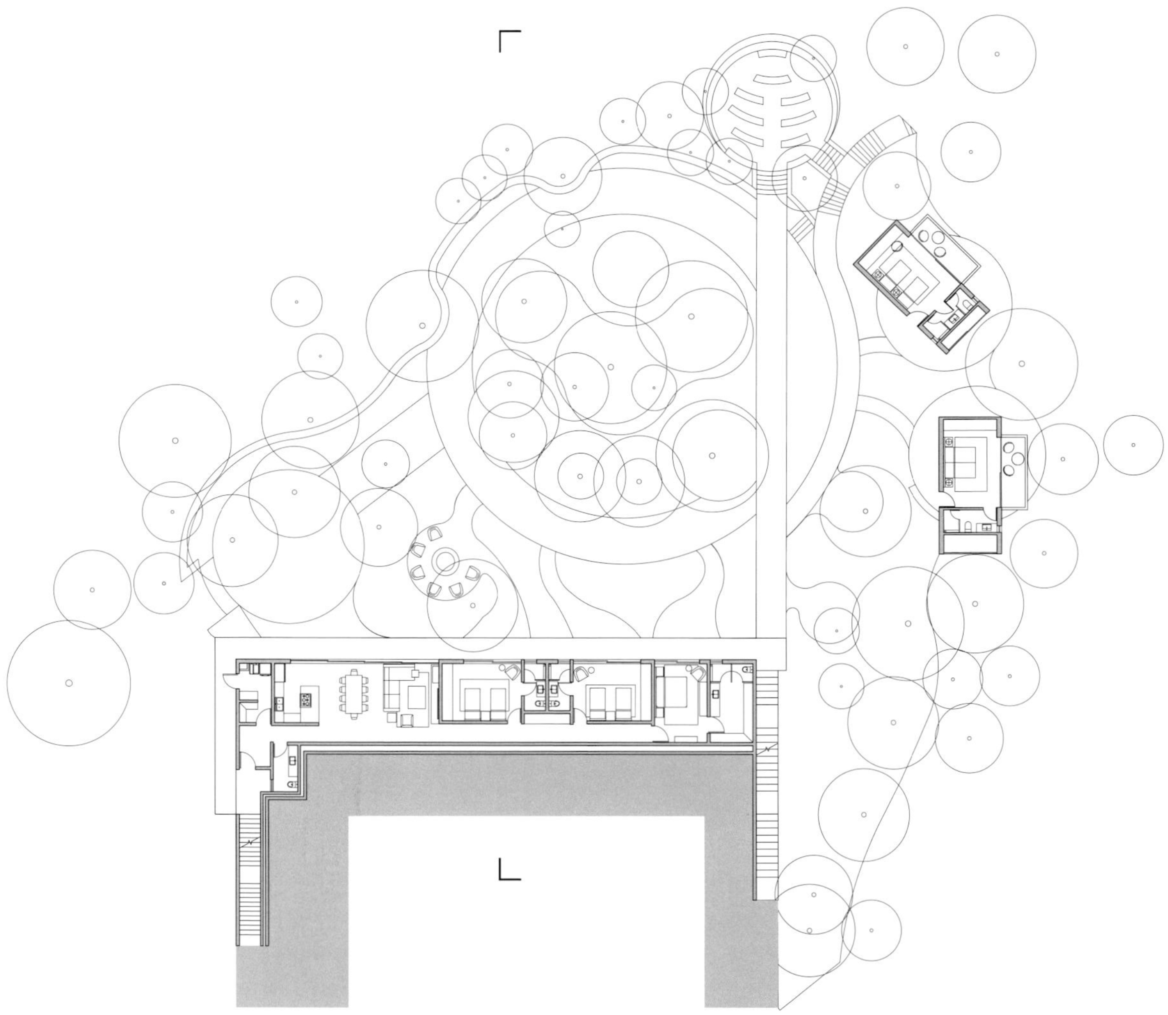

Planta baja / Ground floor plan

Planta nivel -1 / Level -1 plan

Planta nivel -2 / Level -2 plan

0 1 5

Sección / Section

El Arrullo

Ubicación / Location
Arteaga, Coahuila

Tipología / Typology
Residencial / Residential

Estatus / Status
Proyecto / Project

Área / Area
1,363 m² / 14,671 ft²

En la Sierra de Arteaga, en el estado de Coahuila, se encuentra el municipio de El Jamé. Un predio rústico de 70 hectáreas, donde además de diversas variedades de pinos, imperan los álamos temblones o "Aspens", con su particular color amarillo. En este terreno espectacular el encargo fue una gran casa de campo para albergar a la familia de los propietarios y una segunda familia de invitados.

Dentro del programa de necesidades se encuentran una gran sala y comedor, salón de juegos, estancia familiar, y dos terrazas techadas que miran hacia el Cerro de La Viga y demás montañas circundantes. Una de estas terrazas contiene un gran fogatero para estar al aire libre, así como un *jacuzzi* con vistas a las montañas. En el lado opuesto de la casa, una segunda terraza de dimensiones similares contiene el área de asadores y zona de comedor al aire libre.

Las áreas de servicio y las cocheras se encuentran en un nivel inferior, de forma que queden ocultas y no interfieran con las vistas periféricas de la propiedad. Finalmente, un pequeño estudio de pintura para la propietaria, ligeramente alejado de la casa y con abundante luz natural, complementa el programa de esta residencia de fin de semana.

El sistema constructivo consta de muros dobles aislados térmicamente con bloques de concreto celular, recubiertos de piedra de la región. Estos muros y los grandes ventanales que componen las fachadas aportan a la casa un carácter de solidez y ligereza a la vez, permitiendo su perfecta integración con el entorno.

El Jamé is a municipality in the mountainous region of Sierra de Arteaga, in the state of Coahuila. On this spectacular, rural, 173-acre property—dotted with several varieties of pine trees, as well as the Aspen trees with their characteristic yellow canopies—the commission consists of one large country retreat for the owners' family, and another house for guests.

The program calls for a large living room and dining room, games room, family lounge, and two roofed terraces looking out onto Cerro de La Viga and other surrounding mountain ranges. One of the terraces has a large fire pit for users to enjoy the outdoors, as well as a jacuzzi with mountain views. On the opposite side of the house, a second terrace of similar dimensions contains the grilling area and a space for dining al fresco.

The service areas and carports are on the lower level to prevent them interfering with the property's views. Finally, the project includes a small art studio for the owner, set slightly apart from the house and with abundant natural light, to complement the program for this weekend retreat.

For the structure, thermally insulated double walls incorporate cellular concrete blocks, clad in local stone. These walls and large picture windows on the façades give the house its solid yet lightweight feel that blends in with the surroundings.

2022

Planta baja / Ground floor plan

Torre 23

Ubicación / Location
San Pedro Garza García,
Nuevo León

Tipología / Typology
Residencial / Residential

Estatus / Status
Proyecto / Project

Área / Area
49,000 m² / 527,431 ft²

En el municipio de San Pedro Garza García, dentro de la exclusiva zona de Valle Oriente, GLR Arquitectos desarrolló esta propuesta para un edificio de departamentos con un basamento comercial.

La composición aparentemente aleatoria de las fachadas es el resultado de las diferentes plantas tipo que el proyecto contempla, a fin de albergar una mezcla de unidades de muy diversas dimensiones.

Sobre el estacionamiento estructurado se encuentra la zona de amenidades, que incluye una alberca y zona de asadores en el exterior, así como un salón de eventos, salones de juegos y área de *cowork* en el interior.

In the exclusive Valle Oriente area of San Pedro Garza García, GLR Arquitectos developed a proposal for a residential building above a retail space.

Various typologies combine units of contrasting sizes and create a seemingly random façade design as a result. The materials are based on metal panels and low-emissivity, gray-tinted glass.

The amenity area above the structured parking includes a swimming pool and outdoor grill area, along with an events hall, games room, and indoor coworking space.

2023

JOY

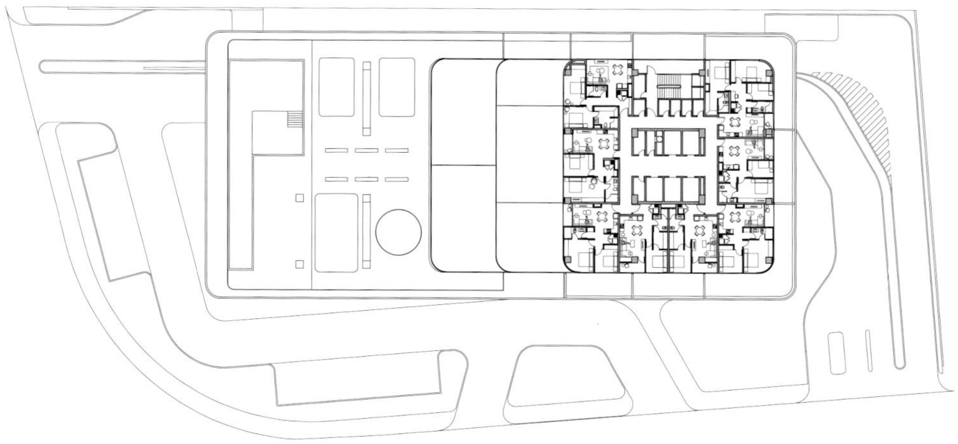

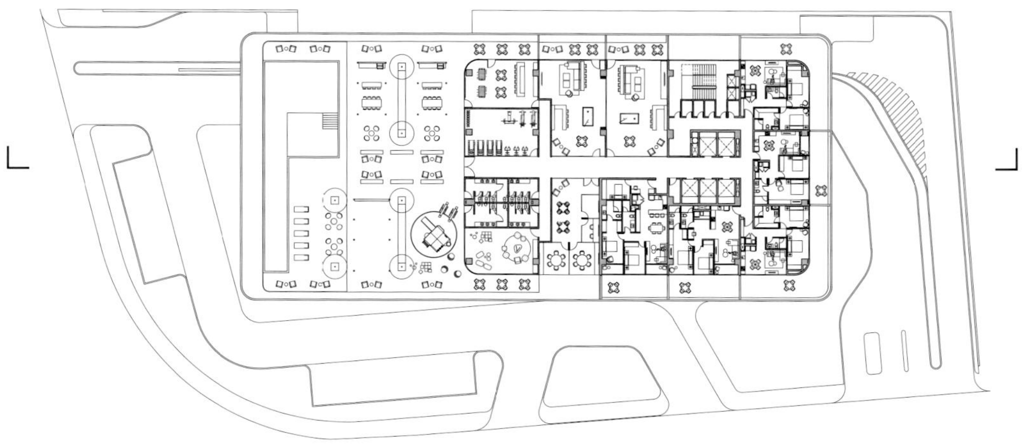

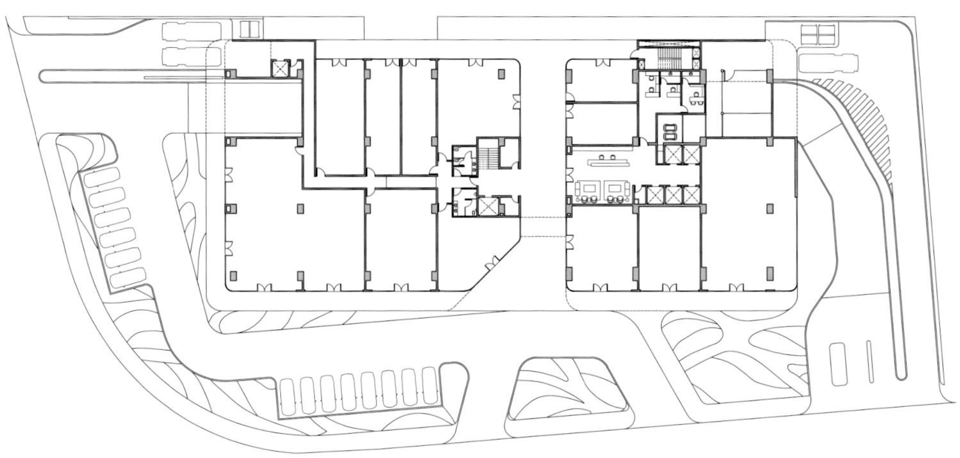

Planta nivel 11 / Level 11 plan
Planta nivel 9 / Level 9 plan
Planta sótano / Basement plan

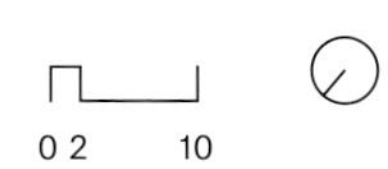

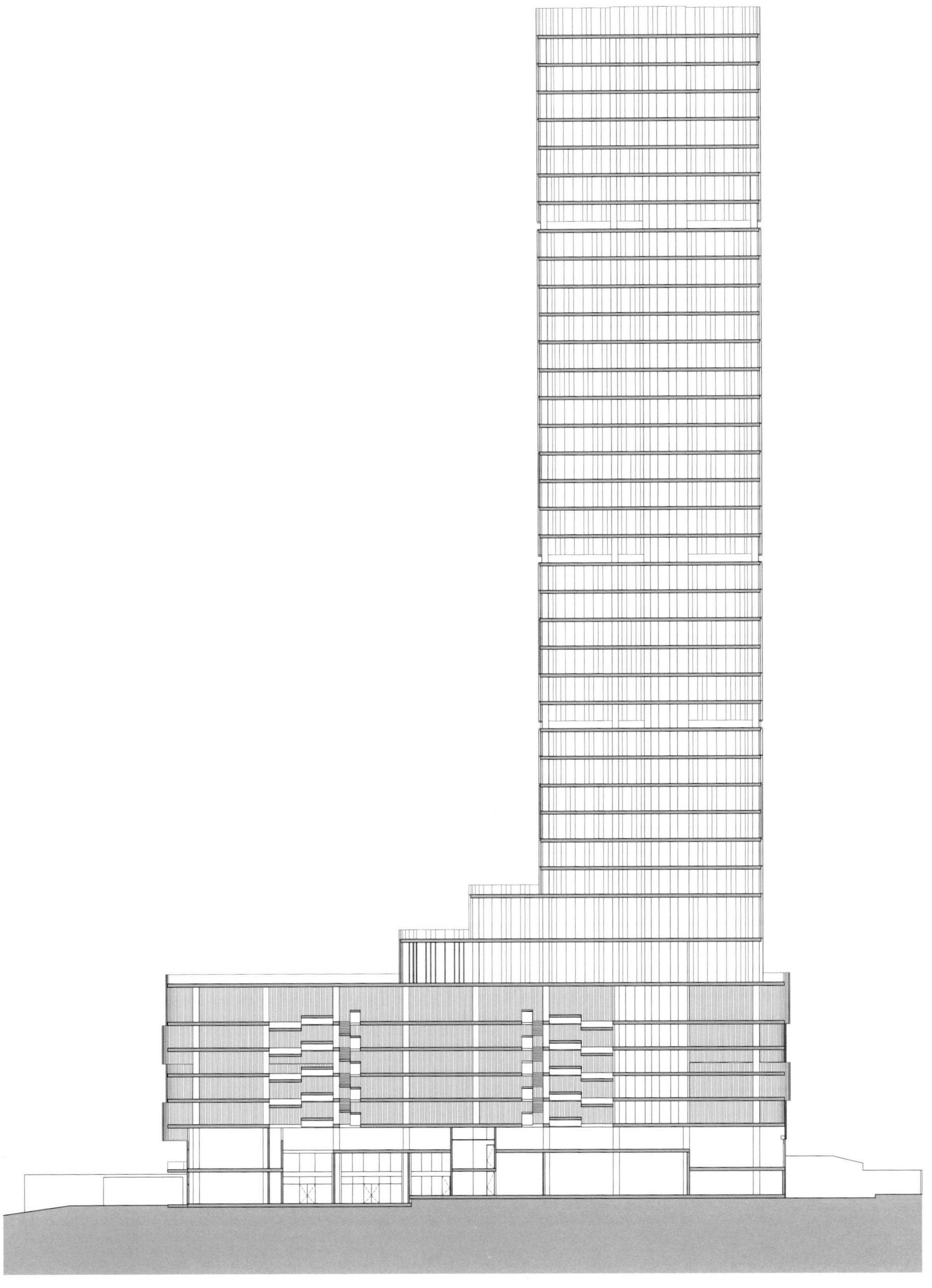

Sección / Section

Conjunto Valle Alto

Ubicación / Location
Monterrey, Nuevo León

Tipología / Typology
Residencial / Residential

Estatus / Status
Construido / Built

Área / Area
1,800 m^2 / 19,375 ft^2

Paisajismo /
Landscape design
Pro Habitat

Fotografía / Photography
Jorge Taboada

En una zona suburbana al sur de Monterrey conocida como Valle Alto, se encuentra este conjunto compuesto por tres casas que son propiedad de una misma familia. El respeto absoluto hacia lo encinos centenarios ubicados en el predio fue el punto de partida para el desarrollo del proyecto. Las circulaciones se organizan a partir de una glorieta vehicular central. Los pavimentos del conjunto se hicieron a base de piedra pórfido color gris.

Cada casa se desarrolló en dos plantas, buscando tener una íntima conexión con los árboles del lugar más que con las montañas circundantes. Asimismo, cada una cuenta con una terraza techada con vistas a los diversos jardines. Para las fachadas, cada casa cuenta con una paleta de materiales propia que incluye diversos mármoles y concreto blanco aparente, además de elementos de acero y madera sintética.

Located in a suburban area to the south of Monterrey known as Valle Alto, this complex consists of three houses owned by a single family. The project's development was defined by an uncompromising respect for the hundred-year-old oaks on the property. The circulations are distributed by a central turning-circle, and gray porphyry stone slabs were used for the paving.

Each house has two stories, with the intention of creating an intimate connection with the local trees rather than the surrounding mountains. Each one boasts a roofed terrace with views onto the various gardens. For the façades, each house has its own palette of materials that includes various marbles and exposed white concrete, as well as steel and engineered wood.

2023

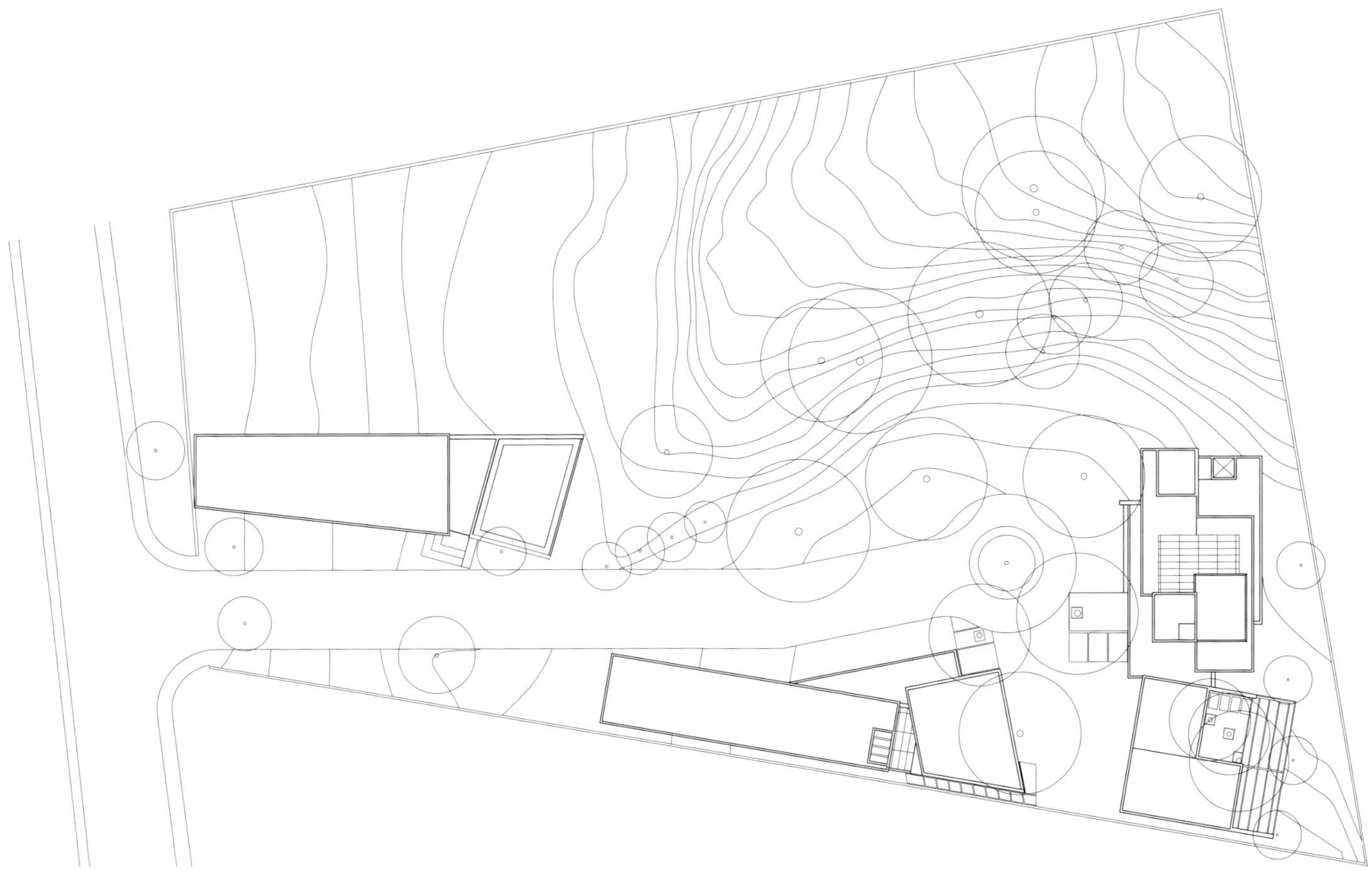

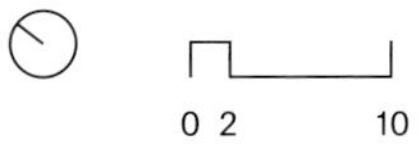

Planta de conjunto / General plan

Casa DH

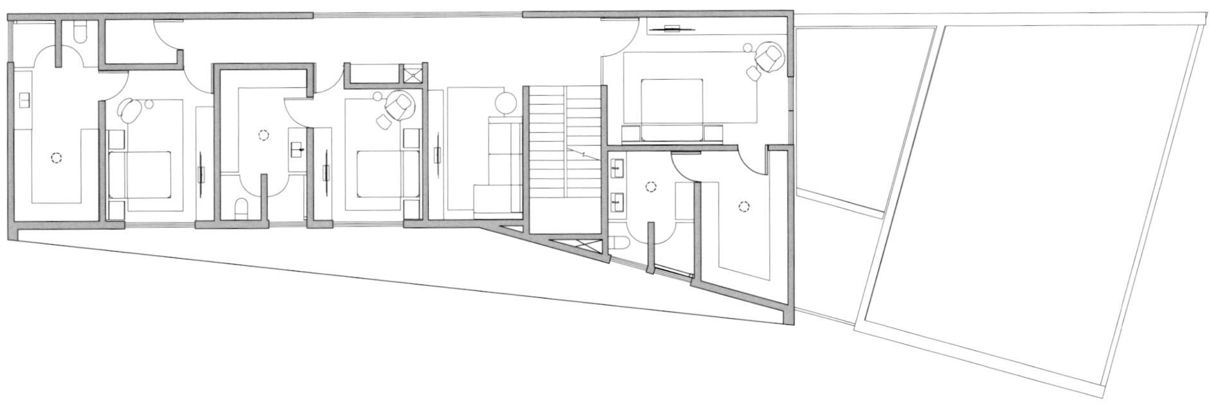

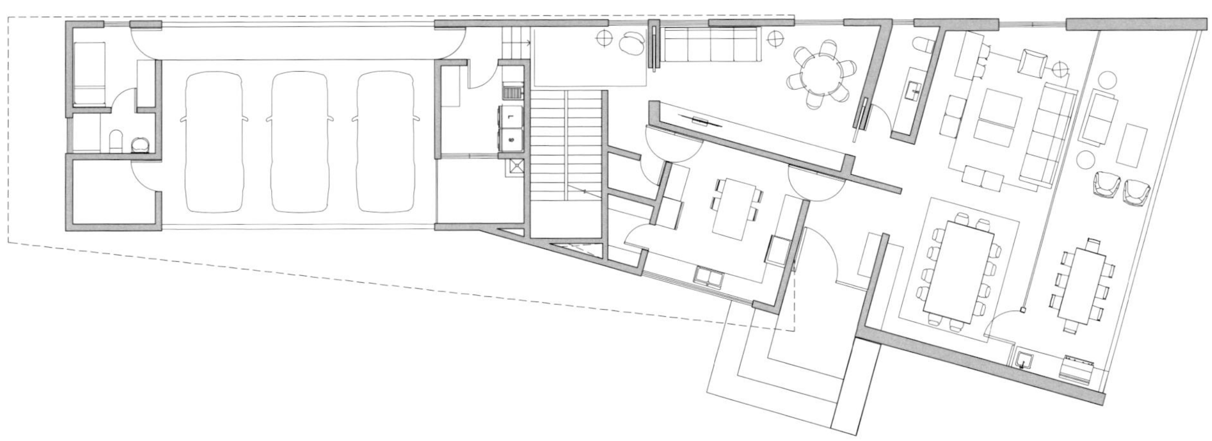

Planta alta / Upper floor plan
Planta baja / Ground floor plan

Casa AD

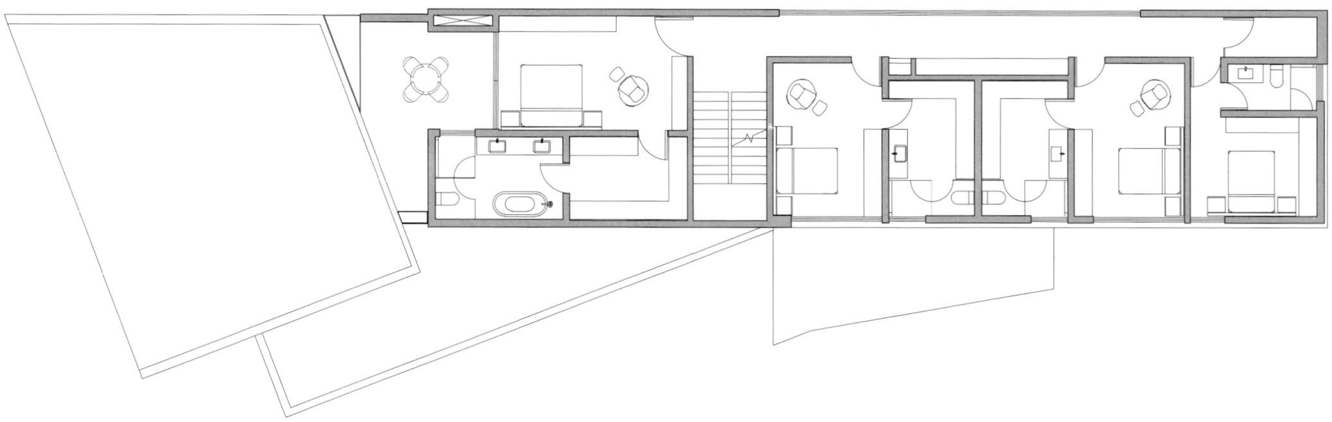

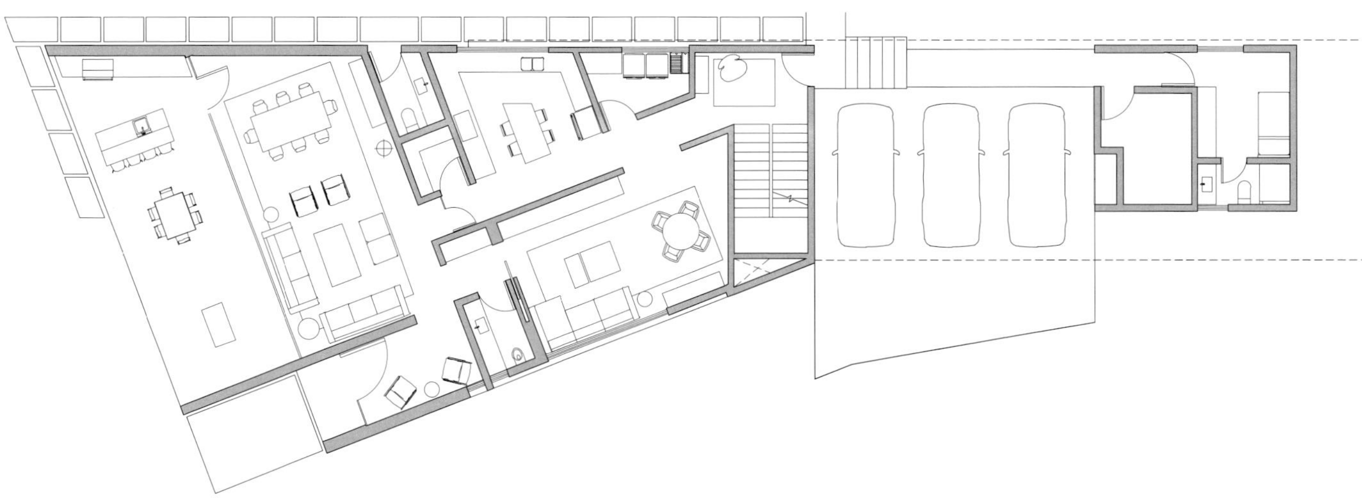

Planta alta / Upper floor plan
Planta baja / Ground floor plan

Casa DG

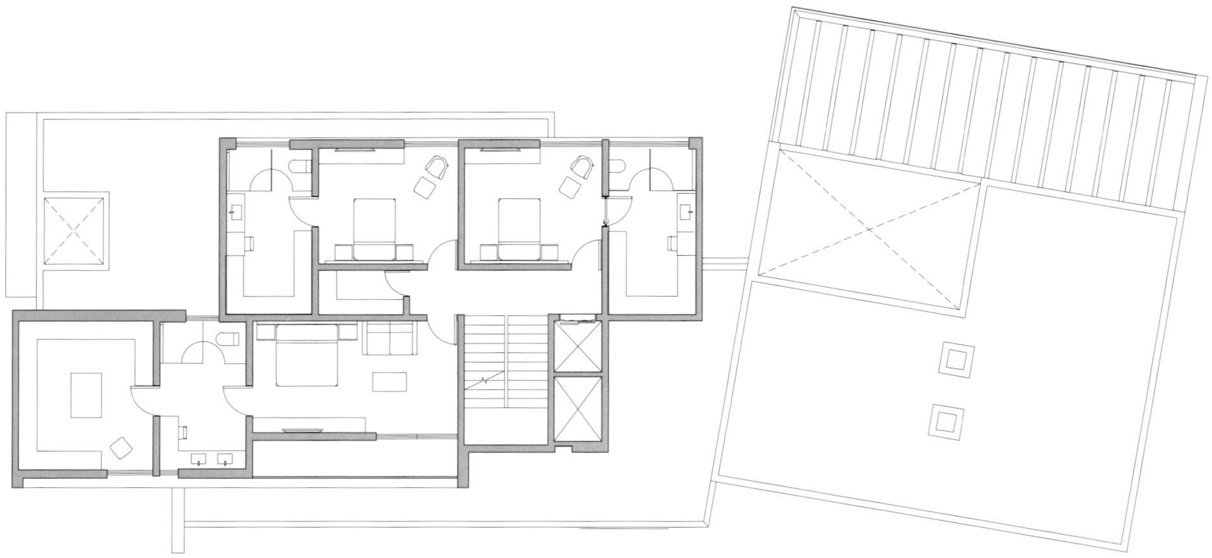

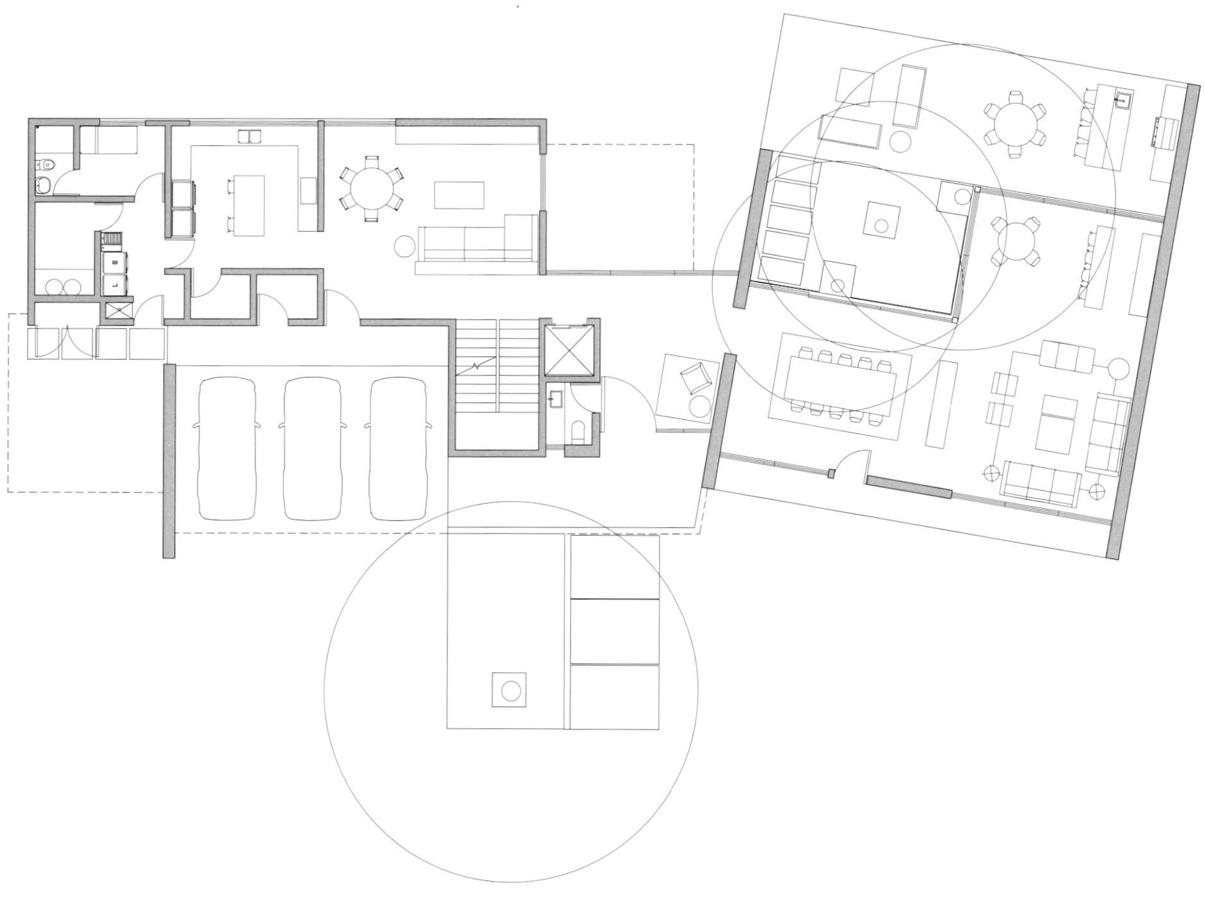

Planta alta / Upper floor plan
Planta baja / Ground floor plan

Casa Catalina

Ubicación / Location
Santa Catarina, Nuevo León

Tipología / Typology
Residencial / Residential

Estatus / Status
Construido / Built

Área / Area
633 m² / 6,813 ft²

Fotografía / Photography
José Carlos Campero

Este proyecto residencial se encuentra en la zona de Valle Poniente, cercano a la Sierra Madre y al cañón de La Huasteca. Cuenta con cuatro plantas y un juego de dos dobles alturas entrelazadas, las cuales le confieren una gran fluidez espacial.

Gracias a sus grandes ventanales y a una terraza-mirador ubicada en la azotea, esta casa enmarca el entorno natural de las montañas que se encuentran a su alrededor.

Dentro del programa arquitectónico, en la planta baja se encuentran una gran sala, comedor y un bar con doble altura, así como la cocina y los servicios; en la planta alta, una estancia familiar y tres recámaras. En el sótano se encuentran una sala de televisión y una terraza que acompaña al jardín y a la alberca.

Los materiales naturales y acabados en la fachada representan la vida de una casa suburbana cercana a la montaña. El diseño de interiores se basa en el uso de tonalidades cálidas, integrándose al mármol y la madera, para crear así un entorno sereno y acogedor.

This residential project is located in Valle Poniente, an area near the Sierra Madre and Cañón de La Huasteca. The spaces flow easily throughout the house's four stories and in its series of interlinked, double-height spaces.

The large picture windows and rooftop observation deck-terrace allow the home to frame its mountain views.

As part of the architectural project, the ground floor has a large living room, dining room, and double-height bar, as well as a kitchen and services; the top floor contains a family lounge and three bedrooms. The basement is equipped with a television room and a terrace that accompanies the garden and swimming pool.

The natural finishes and materials of the façade reflect the life of a suburban house in the mountains. The interiors are designed around the use of warm tones, combining marble and wood to create calm, cozy spaces.

2023

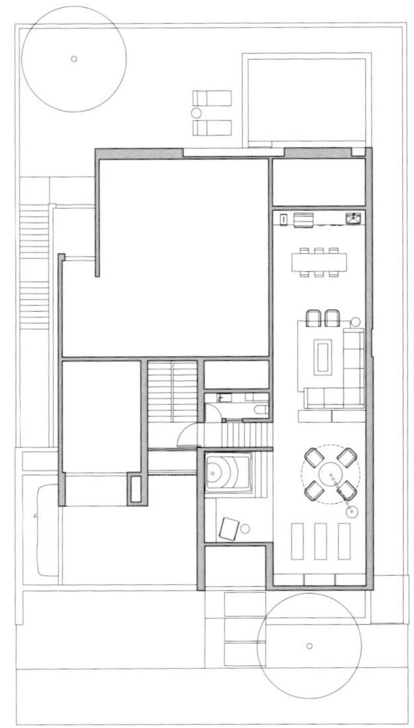

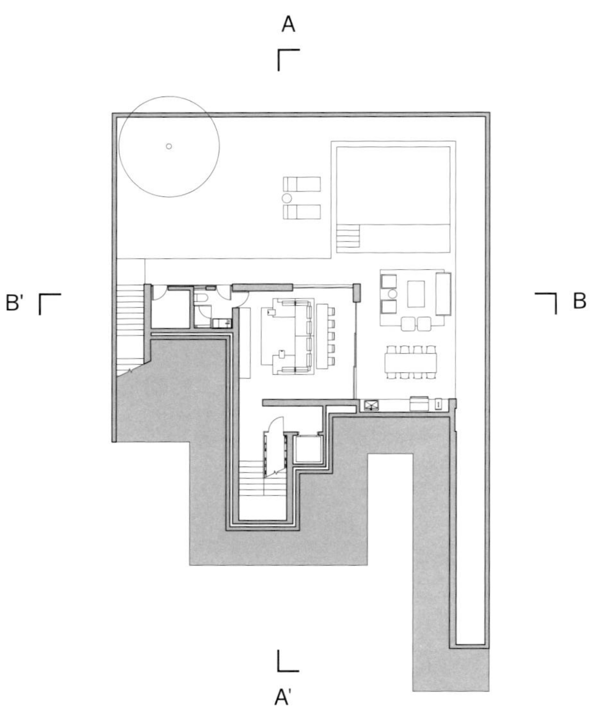

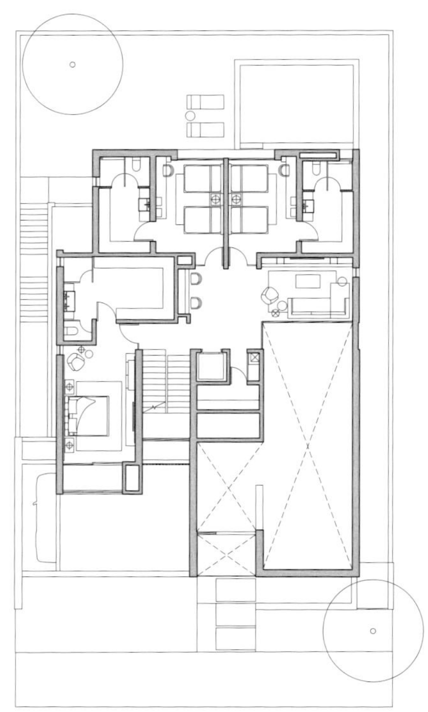

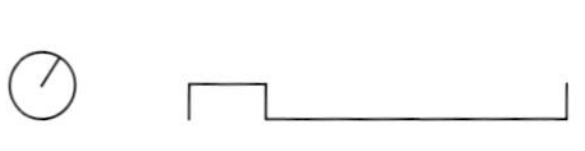

Planta baja / Ground floor plan
Planta sótano / Basement plan

Planta nivel 2 / Level 2 plan
Planta nivel 1 / Level 1 plan

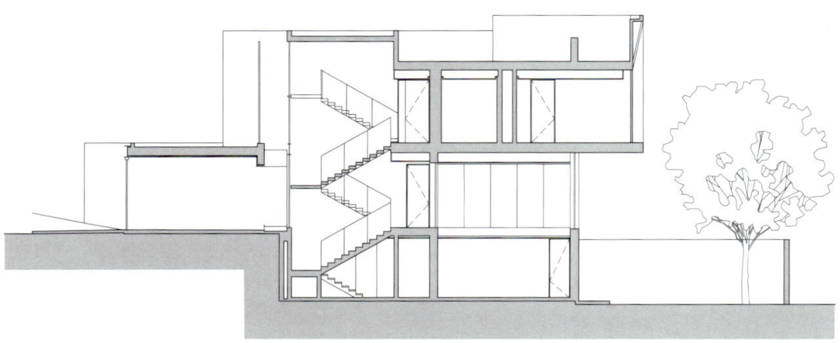

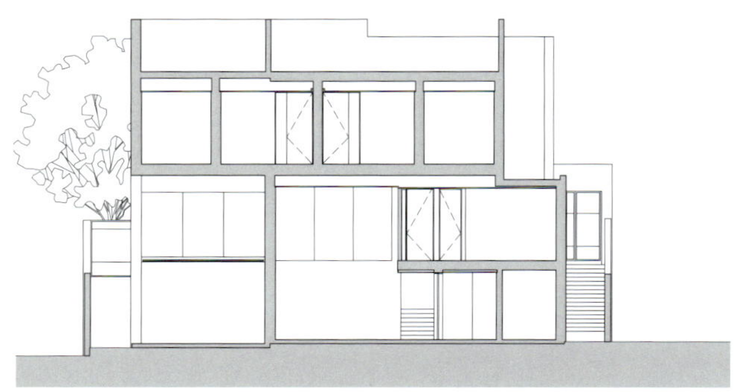

0 2 10

Sección A-A' / Section A-A'

Sección B-B' / Section B-B'

amatis

Amatis

Ubicación / Location
Santa Catarina, Nuevo León

Tipología / Typology
Vertical / High-rise

Estatus / Status
En construcción /
Under construction

Paisajismo /
Landscape design
Oswaldo Zurita

Área / Area
25,865 m² / 278,408 ft²

Amatis se encuentra en el extremo norte del plan maestro de Vía Cordillera en Valle Poniente, Santa Catarina. El acceso está en la Avenida Alfonso Reyes, y se integra a un parque lineal con vitapista y canchas de basquetbol.

Este proyecto residencial de usos mixtos está conformado por 130 departamentos que van de 50 a 154 m² y tienen entre una y tres recámaras, donde los usuarios pueden apreciar las vistas periféricas a la Sierra Madre y al Cañón de la Huasteca. Tiene tres niveles de estacionamiento, distribuidos como bloques escalonados con el propósito de no invadir el nivel peatonal. Las áreas sobrantes que forman el escalonamiento se aprovecharon para ubicar los departamentos o bodegas que, junto a las amenidades en planta baja, esconden los estacionamientos en la fachada.

Amatis se divide en dos torres que están unidas en el nivel cinco por un puente junto a un área de amenidades, incluyendo una alberca y un área de asadores. También tiene espacios de *networking*, salón de *catering* y ludoteca. La torre sur cuenta con siete niveles. Sin embargo, por su terreno descendente, la torre norte tiene un total de 11 niveles, terminando a la misma altura que la torre sur. En el nivel superior de ambas torres se encuentran los *penthouses*.

Amatis is to the far north of the master plan for Vía Cordillera in Valle Poniente, Santa Catarina. The entrance is on Avenida Alfonso Reyes, and it forms a part of a linear park with a running track and basketball courts.

This mixed-use residential project consists of 130 apartments ranging in size from 538 ft² to 1,657 ft², with one and three bedrooms. Users can enjoy views of the Sierra Madre and the Cañón de la Huasteca. Three parking levels are distributed as staggered blocks, to avoid intruding on the pedestrian level. The remaining spaces that form the steps were used to locate the apartments or storage rooms which, together with the ground-floor amenities, conceal the parking garage on the façade.

Amatis is divided into two towers that are joined at level five by a bridge, next to an amenity area, including a swimming pool and outdoor grill area. It is also equipped with networking spaces, a catering hall, and games library. The south tower has six stories; however, the sloping plot gives the north tower a total of 11 stories though reaching the same height as the south tower. Penthouses are located on the top story in both towers.

2023

208

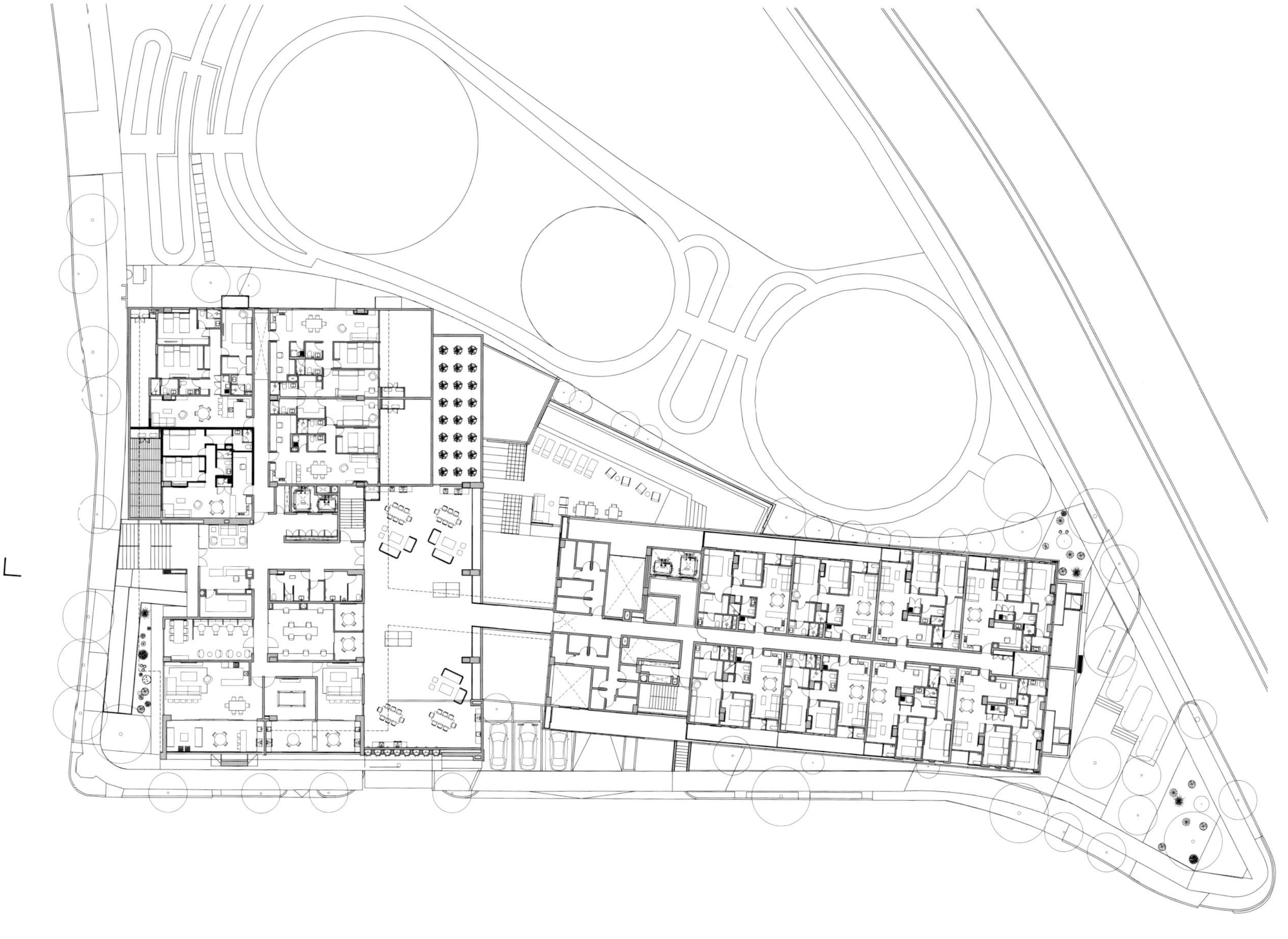

Planta de amenidades / Amenities plan

0 2 10

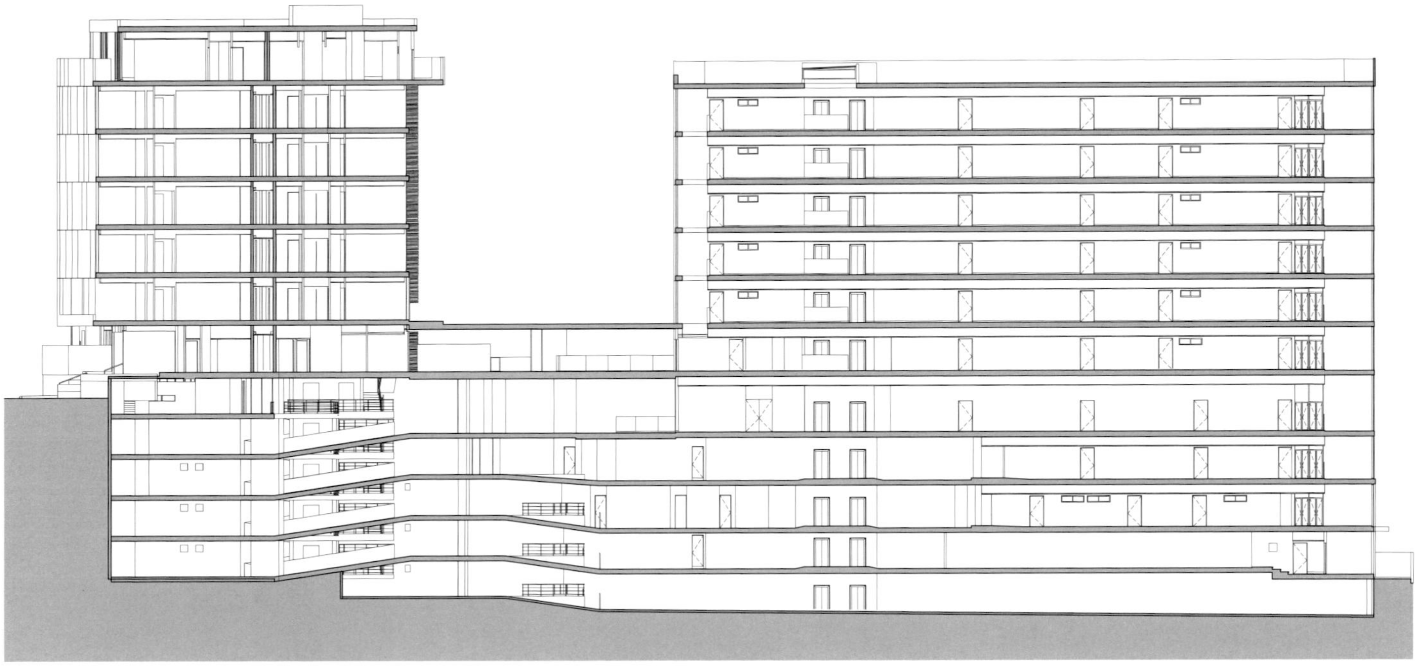

Sección / Section

COFFEE SHOP

Baltia

Ubicación / Location
Mérida, Yucatán

Tipología / Typology
Vertical / High-rise

Estatus / Status
En construcción / Under construction

Área / Area
26,385 m² / 284,005 ft²

Colaboración / Collaboration
Arkham Projects

Baltia, "el edificio del árbol", es un proyecto residencial y de usos mixtos en el norte de la ciudad de Mérida. Está compuesto por 75 departamentos, cuatro *penthouses* de lujo y más de 980 m² de amenidades confortables, entre las que se encuentran áreas de *pet park*, cine al aire libre, *kid's room* y *teen's room*, así como áreas sociales de convivencia para adultos. Cuenta con un basamento comercial y un nivel destinado a oficinas de tipo *cowork*. El edificio cuenta con un total de 14 niveles más los niveles de estacionamiento subterráneo.

"El gran árbol" es el corazón e icono del desarrollo; fue plantado para dar vida al proyecto y armonizar el área social donde se encuentra. El proyecto busca crear espacios de convivencia donde conocidos y desconocidos compartan un mismo estilo de vida. Dichos espacios fusionan diseño y naturaleza en áreas recreativas ideales para crear nuevas sensaciones. El edificio también cuenta con jardines al aire libre y espacios abiertos, entre ellos un huerto urbano y una alberca tipo playa.

El respeto por la naturaleza es parte del concepto del diseño, por lo cual se ha buscado integrar vegetación en las fachadas, creando un ambiente de playa y selva, de tal forma que no se perciba como un edificio urbano sino como un edificio casi vacacional.

Baltia, "the tree building," is a mixed-use residential project in the north of Mérida. It consists of 75 apartment units, four luxury penthouses, and more than 10,500 ft² of comfortable amenities, including a pet park, open-air movie theater, kids' and teens' rooms, as well as common areas for adults. Built above stores and a floor for coworking offices, the project has a total of 14 stories, in addition to underground parking levels.

"The great tree" is at the heart of the development, an iconic feature that gives a sense of harmony; somewhere people sharing a similar lifestyle can share experiences and sensations through a combination of design and nature. The building also has gardens and other open spaces, including an urban allotment and beach-type swimming pool.

Respect for nature is integral to the design concept: vegetation is incorporated into the façades, creating a feel of the beach and the jungle, making the building less like an urban construction and almost more like a vacation destination.

2023

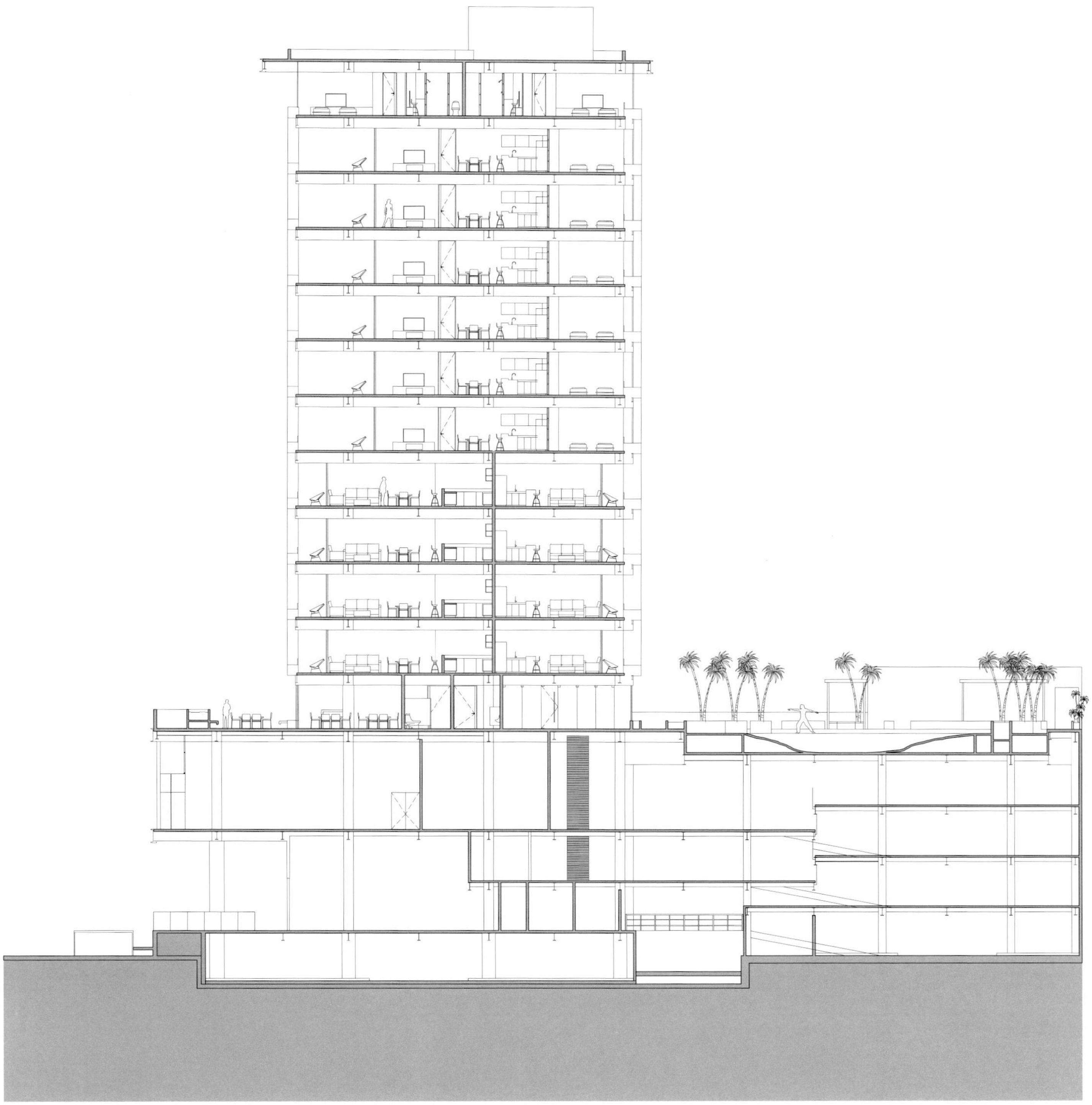

Sección / Section

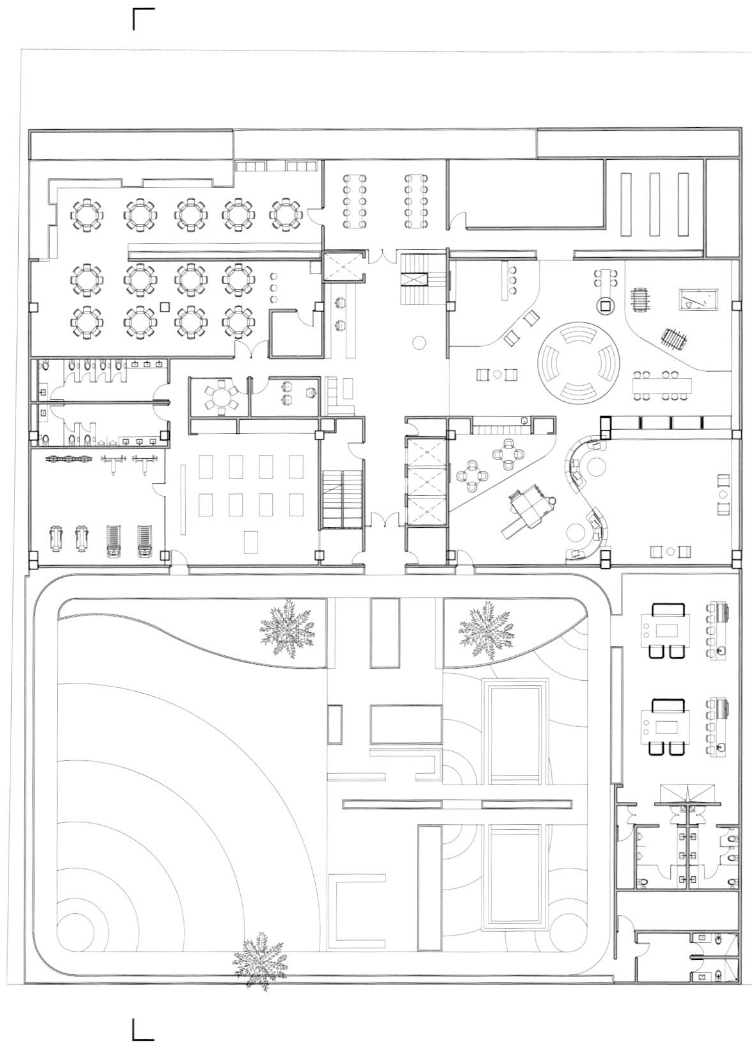

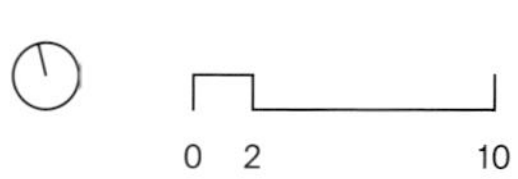

Planta tipo / Typical floor plan
Planta baja / Ground floor plan

STEAKHOUSE
BALTIA

Torre Lalo

Ubicación / Location
Monterrey, Nuevo León

Tipología / Typology
Vertical / High-rise

Estatus / Status
En construcción / Under construction

Área / Area
69,040 m² / 743,140 ft²

Colaboración / Collaboration
RDLP Arquitectos

Fotografía / Photography
José Carlos Campero

Lalo es una torre de usos mixtos ubicada en la Avenida Morones Prieto, en la zona de la Loma Larga. Tiene como objetivo convertirse en el nuevo icono de la ciudad de Monterrey y aportar a la regeneración del centro de la ciudad a través del plan integral llamado Movimiento Ocampo (Moca).

En un total de 43 niveles, Torre Lalo cuenta con un área comercial de cuatro pisos con acceso a terrazas. Dos de estos niveles están destinados a 29 locales comerciales y restaurantes, y otros dos niveles a 58 consultorios médicos. Hay 26 niveles de departamentos con 11 unidades por planta ya equipadas, que van desde los 69 m² hasta los 176 m², en configuraciones de una, dos y tres recámaras. Se diseñaron siete tipologías con base en las necesidades del mercado que se adaptan a los diferentes estilos de vida de cada tipo de usuario. Además, cuenta con diez niveles de *suites* tipo *lofts*. Gracias a la orientación norte-sur del edificio, la volumetría tiene una curvatura que maximiza el perímetro y el número de departamentos por piso. El edificio tiene un estacionamiento estructurado de ocho niveles.

La torre ofrece amenidades interiores y exteriores para sus distintos usos que se ubican en los niveles 4, 8 y 16, los cuales alojan una alberca semiolímpica, terrazas, *pet park*, bar *lounge*, *business center*, salón de eventos, *sports room*, *medical hub* y ludoteca. Los usuarios pueden disfrutar de espectaculares vistas de las montañas en la zona metropolitana, como el Cerro de la Silla y la Sierra Madre Oriental.

Lalo is a mixed-use, high-rise building located on Avenida Morones Prieto, in the Loma Larga area. Designed as a new icon for Monterrey's skyline, the tower will help regenerate the city center as part of the Movimiento Ocampo development plan.

Distributed across 43 stories, Torre Lalo has four floors of retail space with access to terraces. Two of these stories contain 29 stores and restaurants, and a further two have 58 medical clinics. The apartments are distributed across 26 floors, with 11 furnished one, two, and three-bedroom units per level ranging from 743 ft² to 1,894 ft². A total of seven typologies are based on market needs and adapted to users' individual lifestyles. Ten levels contain loft-style suites. By using a north-south orientation, the volume's curvature maximizes the perimeter and number of apartment units per floor. The building has eight levels of structured parking.

On levels 4, 8 and 16, the tower offers interior and exterior amenities including a semi-olympic pool, terraces, pet park, bar lounge, business center, events hall, sports room, medical hub, and games library. Users will enjoy spectacular views of the mountains around the city, such as Cerro de la Silla and Sierra Madre Oriental.

2024

PIZZA
ALITAS
CAFE
BAR
RESTAURANTE

COFFEE
LALO
MOBILE
CLOTHING
GADGETS
SHOP
GIFT

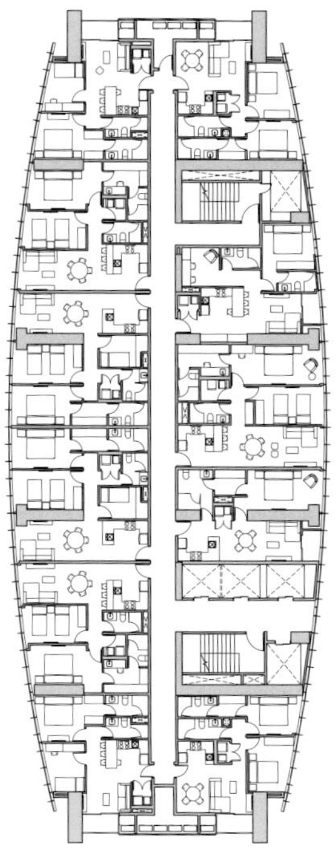

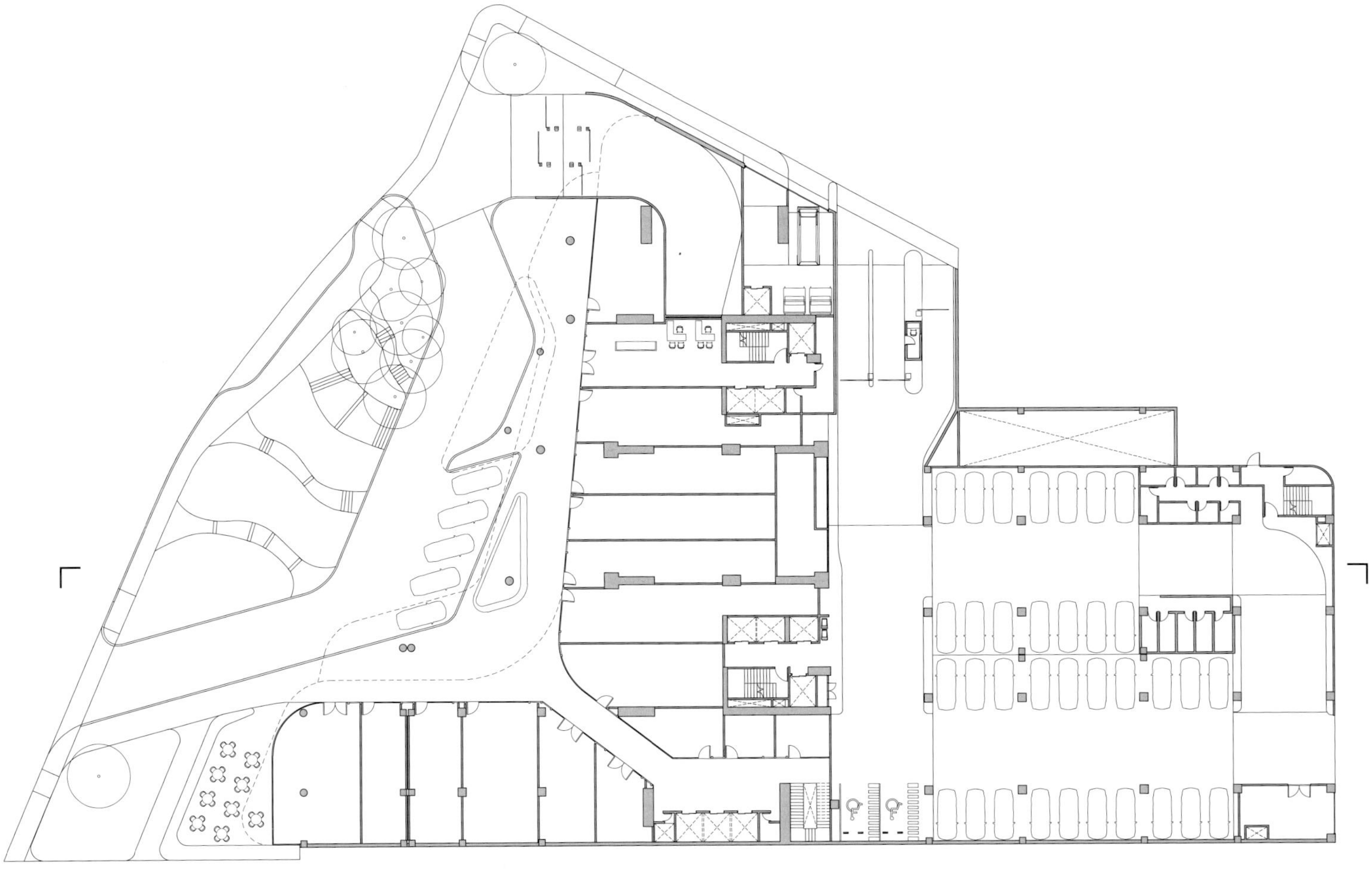

Planta tipo / Typical floor plan
Planta baja / Ground floor plan

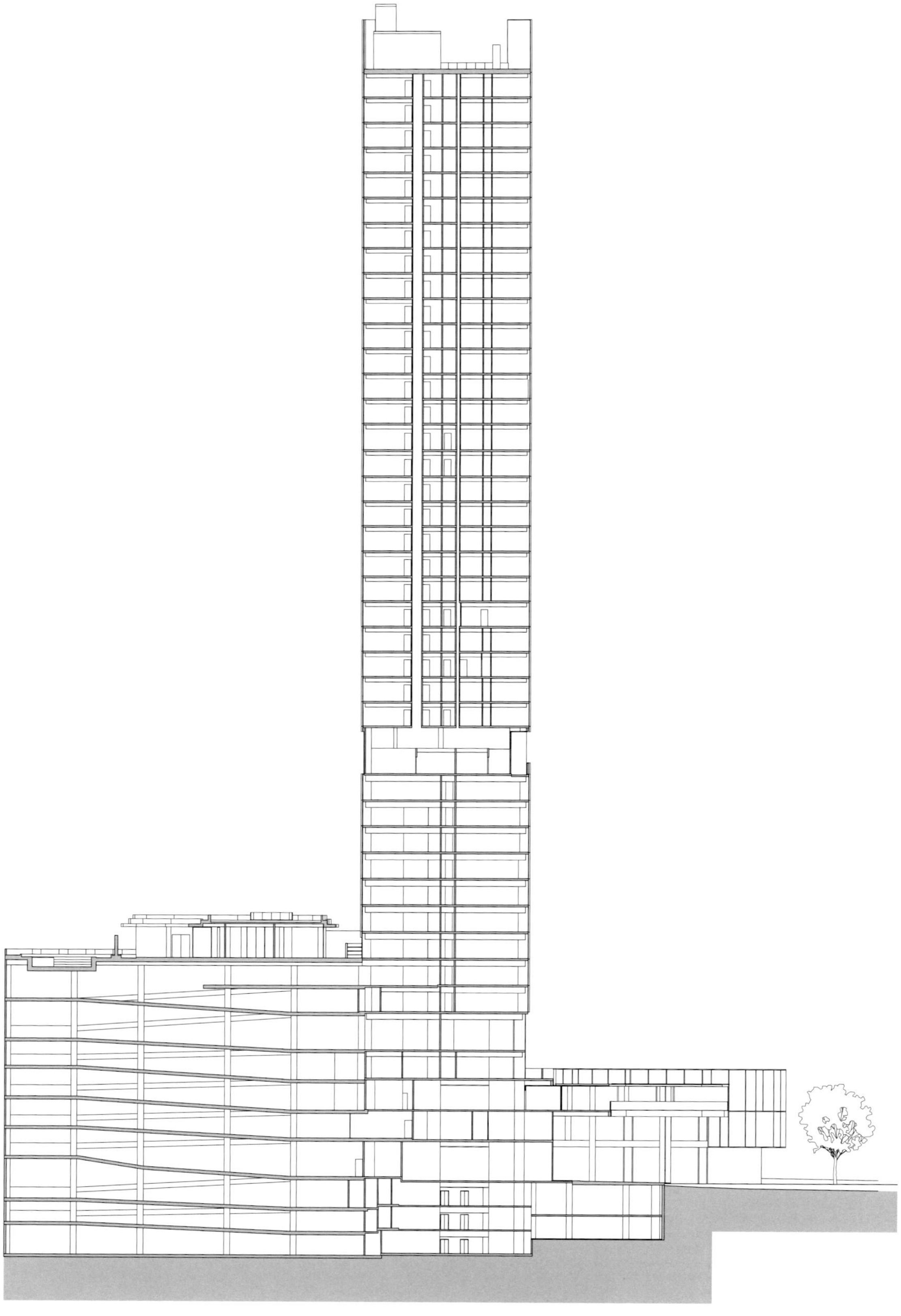

0 2 10

Sección / Section

PRADA

Equipo

226 Gilberto L. Rodríguez

Foto: Juan Rodrigo Llaguno

Agradecimientos

Este libro conmemora los primeros 25 años de mi firma GLR Arquitectos. 25 años que han representado una oportunidad para reflexionar acerca de mi ejercicio profesional desde sus inicios, así como del gran esfuerzo colectivo que conlleva la práctica de la arquitectura.

Por este motivo, quiero extender mi agradecimiento a toda la gente que de una u otra forma ha contribuido a mi desarrollo profesional, desde mis profesores y mentores, hasta la última persona que ha colaborado directa o indirectamente en la realización de mis proyectos.

Antes que a nadie quiero agradecer a todos los colaboradores actuales y pasados de GLR Arquitectos, quienes con su entusiasmo y compromiso siempre han sido el motor que mueve a nuestra oficina. A cada uno de nuestros clientes, quienes a lo largo de los años nos han otorgado ese voto de confianza que todo arquitecto requiere para materializar su trabajo.

A mis colegas y amigos arquitectos, gracias a quienes me he enriquecido a través de los años intercambiando ideas o realizando algún proyecto en colaboración. A todos los ingenieros, constructores, gerencias, contratistas y trabajadores de la obra.

A mi familia, principalmente a mis padres, Antonio y Diana (†), por su siempre incondicional apoyo a mi carrera. A mi esposa Bárbara, con quien he tenido la fortuna de compartir la vida durante los últimos 21 años, y en quien siempre he encontrado el amor, compresión y apoyo para seguir adelante.

A mis hijos Sebastián, Diego y Emiliano, quienes han venido a dar un nuevo significado a mi existencia. Agradezco muy especialmente a Alberto Campo Baeza, Augusto Quijano y Elías Rizo su generosidad al aceptar contribuir con sus textos para la publicación de este libro.

Finalmente, quiero agradecer a Miquel Adrià y a todo el equipo de Arquine por su apoyo y confianza para la realización de este proyecto.

Acknowledgements

This book commemorates the first twenty-five years of my studio, GLR Arquitectos—a quarter of a century that has represented an opportunity for me to reflect on my career since beginning the journey, as well as on the great collective effort required in the practice of architecture.

Therefore, I would like to express my sincere appreciation to all those who have contributed to my professional development, from my teachers and mentors to all those who have worked directly or indirectly on my projects.

First, I would like to give thanks to my current and former colleagues at GLR Arquitectos, whose enthusiasm and commitment have been the driving force of our office. To each of our clients, who have placed their trust in us over the years, giving us that vote of confidence that all architects need to carry out their work.

To my fellow architects, who have inspired me over the years as we have shared ideas or collaborated. To all the engineers, builders, managers, contractors, and site workers.

To my family, especially my parents Antonio and Diana (†), for their unconditional support in my chosen career. To my wife Bárbara, with whom I have had the good fortune to share the last twenty-one years, for her love, wisdom, and support.

To my children Sebastián, Diego, and Emiliano, who have given a new meaning to my existence.

In particular, I thank Alberto Campo Baeza, Augusto Quijano, and Elías Rizo who generously agreed to contribute their texts for this book.

And finally, I am grateful to Miquel Adrià and the whole Arquine team for their support and trust, making this project a reality.

Colaboradores y practicantes / Collaborators and interns 1998-2023

Abraham Silva
Adrián Laffitte
Alberto García
Albie Arriaga
Aldo Romero
Alejandra Castro
Alejandra Hanún
Alejandra Ramírez
Alejandro Borras
Alejandro Del Río
Alejandro Rodríguez
Alexa Nuñez
Aline Tom
Alonso Guel
Ana Catalina Pozas
Ana Cecilia Franco
Ana Gabriela Chávez
Ana Lasheras
Anaid de León
Andrea Romero
Andrés Miller
Andrés Orozco
Antonio Valverde
Arianna Ramírez
Armando Barajas
Armando Cantú
Beatriz Rodríguez
Bernardo Chapa
Blanca Treviño
Brenda Garza
Brenda Viramontes
Brian Pillado
Carlos Martínez
Carolina Lara
Carolina Lomas
Catalina Fernández
Catalina López
Cecilia Bautista
Cecilia Martínez
Cecilia Paredes
Claudia Salinas
Connie Esparza
Cristian Robledo
Daniel Garza
Daniela Bermea
Daniela Hellmund
Daniela Longoria
Daniela Navarro
Daniela Santos
Daniela Zavala
David Alatorre
David Gonzalez
David Pedroza
David Potes
Denisse Corral
Diana Paulina Guerra
Diana Laura Rivera
Diego Oyuela
Edgar Maza
Eduardo Azcúnaga
Eduardo Alarcón
Eduardo Fuentes
Efrén Rodríguez
Emilio Álvarez
Emiliano Rosales
Emmanuel Quintanilla
Emmanuel Soto
Enrique Salas
Erik González
Erika Lavalle
Eugenia Yribarren
Evelyn López
Fabián Durán
Federico Peralta
Felipe Dorado
Francisco Alaníz
Francisco Juárez
Francisco Villegas
Francisco Ruiz
Gabriel Padilla
Gabriela Gutiérrez
Gabriela Ibarra
Gabriela Rodríguez
Gaudy Oyervides
Giada Zangiacomi
Guillermo Durán
Gustavo Dávila
Homero Vázquez
Humberto Sifuentes
Ivonne García
Jessica González
Jessica Rodríguez
Joaquín Jenis
Jorge Cajiga
José Alfredo Uresti
José Carlos Campero
Juan Ángel Moreno
Juan Carlos Rivera
Juan Pablo Padilla
Julia Cobos
Karen Cortes
Karla Hernández
Karla Ulloa
Katia Radilla
Lissi Anguiano
Lorena Cantú
Lorena Flores
Lorena Sampedro
Loreta Cortés
Lucía Barrera
Luis Alberto Sifuentes
Luis Andrés Orozco
Luis Ángel Garza
Luis Delgado
Luis Felipe González
Luis Fernando Castro
Luis Ignacio Morán
Luis Tardan
Marcela Adame
Maria Fernanda Sañudo
Maria José Ruiz
Mariam Arreola Prado
Mariana Rodríguez
Mariano Narvaez
Maricarmen Acuña
Martin Piña
Mateo Rule
Mauricio Bárcenas
Mauricio González
Mauricio Rodríguez
Mauro Esparza
Melissa Aguilera
Michelle Huber
Miguel Ángel Compean
Miguel Arreozola
Monica Leal
Monica Olivares
Montserrat Lara
Natalia Carias
Omar Nava
Oscar O'Farrill
Oscar Orci
Oswald Silva
Otto Pérez
Pablo Vázquez
Pamela Díaz de León
Patricia Gallardo
Paulina Alemán
Patricio González
Priscila López
Rafael Navar
Raul González
Raul Torres
Reinol Villarreal
Rene Morales
Rodrigo Rodríguez
Rodrigo Vega
Rogelio Almaguer
Rosa Nelly Murillo
Ruben Cortés
Selina González
Sergio Cantú
Sofia López
Sonia Gómez
Tania Cantú
Tomás Güereña
Tonatiuh Águilar
Torsten Trumm
Valeria Gutiérrez
Vanessa Gutiérrez
Verónica Rodríguez
Victor González
Vivian Cortés
Viviana Ortíz
Xabier Pérez

Gilberto L. Rodríguez
25 años de arquitectura
25 years of architecture

Primera edición / First edition, 2023
ISBN 978-607-8880-22-5

Ámsterdam 163 A
Colonia Hipódromo, 06100
Ciudad de México
arquine.com

Dirección / Director
Miquel Adrià

Dirección editorial / Editorial director
Brenda Soto Suárez

Coordinación editoral / Editorial manager
Ana Luz Valencia

Corrección de estilo / Copy editing
Sebastian Villegas Vethencourt

Traducción al inglés / English translation
Quentin Pope

Diseño / Design
María Marín de Buen
Yavanna Latapí
Regina Sierra
(Estudio María Marín de Buen)

Preprensa / Prepress
A. Andrés Monroy

Gilberto L. Rodríguez /
25 años de arquitectura fue impreso y encuadernado en octubre de 2023 en Artron Art Printing Ltd., en China. Fue impreso en papel Chinese OJI de 157 g. Para su composición se utilizó la familia tipográfica Atlas Grotesk. El tiraje consta de 3,500 ejemplares.

Gilberto L. Rodríguez /
25 years of architecture was printed and bound in October 2023 by Artron Art Printing Ltd., in China. It was printed on 157 g Chinese OJI paper and set in typefaces of the Atlas Grotesk family. The print run was 3,500 copies.

glr